키보드와 마우스로 시작하는

똑똑한 컴퓨터 놀이

발 행 일	2025년 01월 06일(1판 2쇄)
I S B N	978-89-5960-487-6(13000)
정 가	14,000원

집 필	이지은	진 행	이영수
본문디자인	디자인앨리스		
발 행 처	㈜렉스미디어	발 행 인	안광준
주 소	경기도 파주시 정문로 588번길 24		
대표전화	(02)849-4423	팩 스	(02)849-4421
홈페이지	www.rexmedia.net		

※ 이 책은 저작권법에 따라 보호를 받는 저작물이므로 무단 전재와 무단 복제를 금지하며, 이 책 내용의 전부 또는 일부를 이용하려면 반드시 ㈜렉스미디어의 서면동의를 받아야 합니다.

OT Orientation

(키보드와 마우스로 시작하는 똑똑한 컴퓨터 놀이) 교재의 구성입니다.

배울 내용 미리보기
각 차시별로 배울 내용을 미리 확인할 수 있어요.

문제 해결을 위한 생각 기르기
본문 학습 내용과 관련된 다양한 형태의 문제들을 스스로 해결하면서 창의력을 높일 수 있어요.

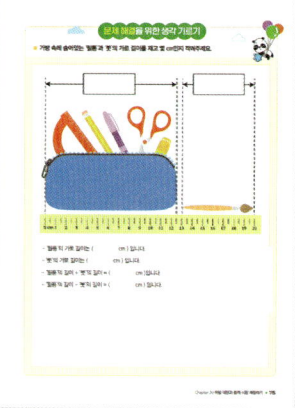

본문 따라하기
GCompris의 여러 가지 기능들을 체계적으로 학습할 수 있도록 구성되어 있어요.

미션 수행하기
앞에서 배운 내용을 다시 한 번 복습할 수 있도록 문제를 제공해요.

GCompris 설치하기

1 GCompris 홈페이지(https://gcompris.net/index-ko.html)에서 [GCOMPRIS 다운로드] 단추를 클릭합니다.

2 컴퓨터 시스템 요구 사양에 맞는 프로그램을 설치합니다.

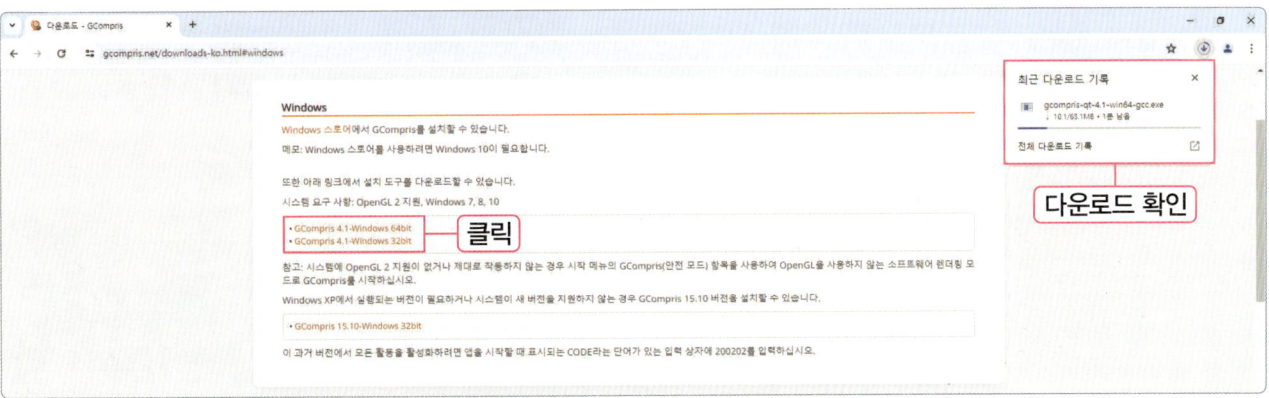

3 다운 받은 설치 파일 [gcompris-(버전정보).exe] 파일을 '마우스 오른쪽 단추'로 클릭 후 [관리자 권한으로 실행]을 클릭합니다.

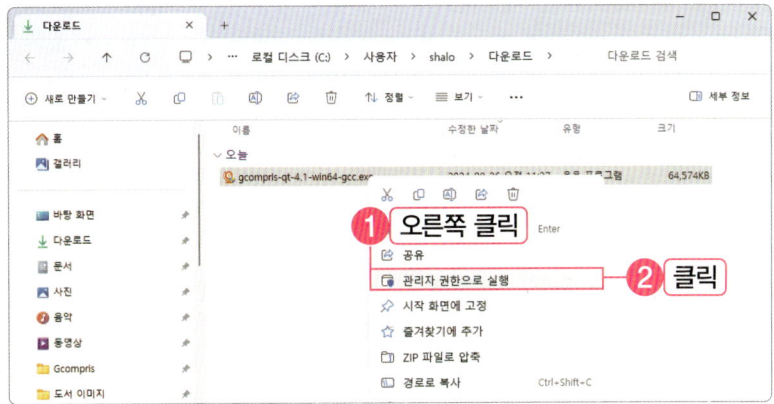

여기서 잠깐!

교재에 맞는 프로그램 버전은 예제 및 완성 파일 다운로드시 [프로그램] 폴더에서 제공하고 있습니다.

OT Orientation ● 003

4 설치 대화상자에서 [다음] 단추를 클릭 후 사용권 계약을 읽고 [동의함] 단추를 클릭합니다.

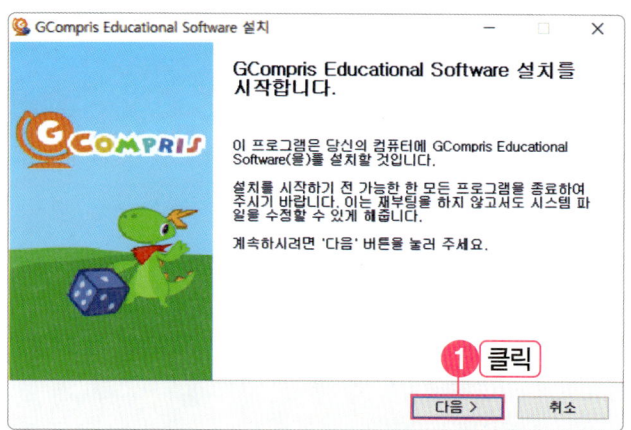 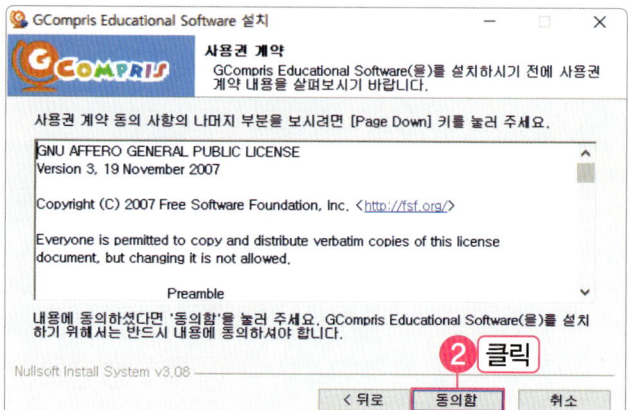

5 프로그램 설치에 필요한 옵션과 설치 폴더를 설정 후 [다음] 단추를 클릭합니다.

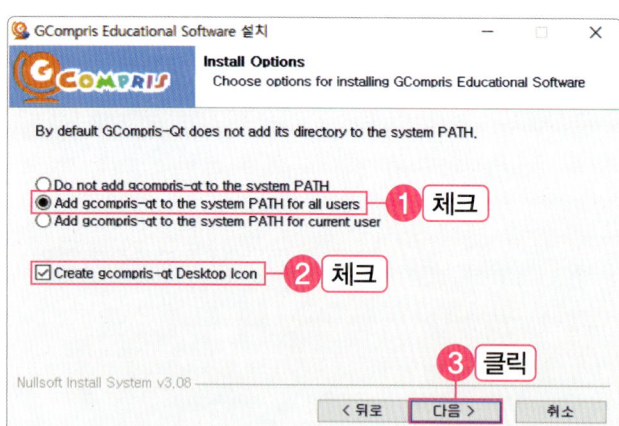 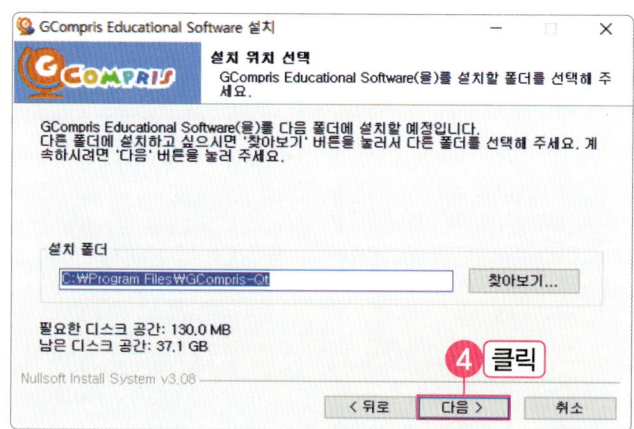

6 시작 메뉴 폴더 설정 후 [설치] 단추를 클릭한 다음 설치가 완료되면 [마침] 단추를 클릭합니다.

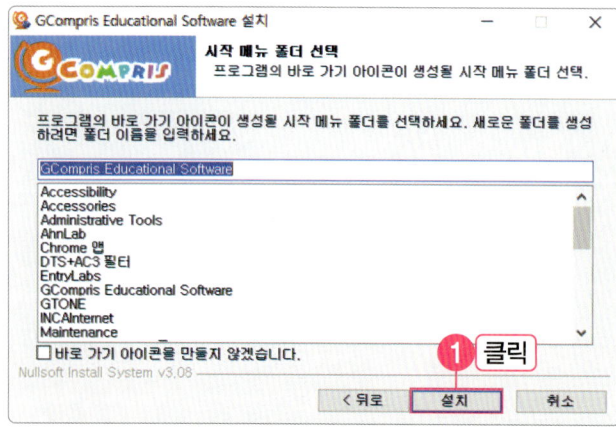 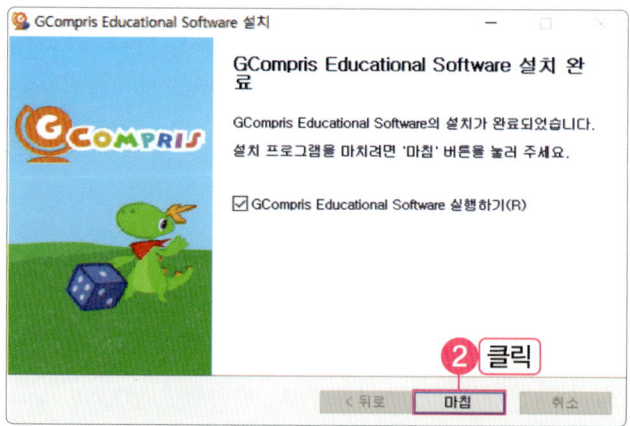

GCompris 화면 구성 살펴보기

1 GCompris 화면 구성

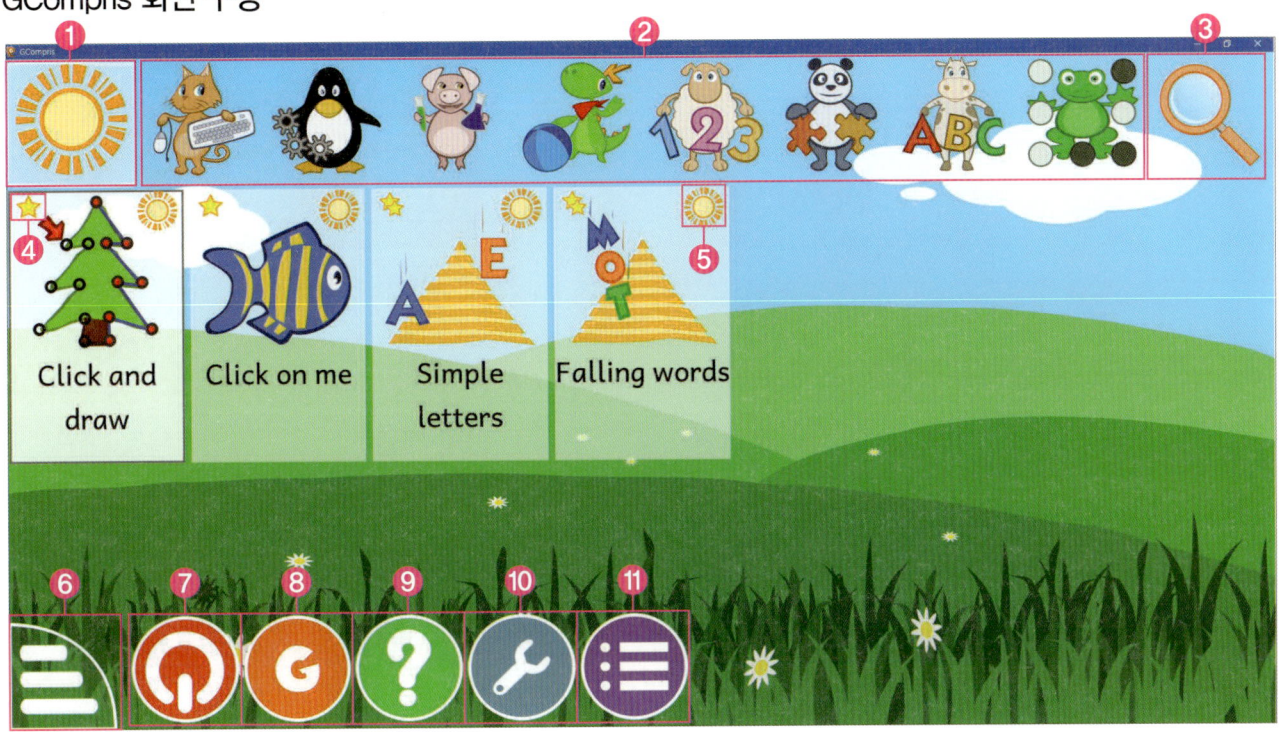

① **즐겨찾기** : 즐겨찾기로 설정한 콘텐츠가 표시되는 화면이에요.
② **콘텐츠 카테고리(동물 대원)** : 키보드, 마우스 사용법부터 과학, 산술, 퍼즐 등 다양한 카테고리로 구성 되어있어요.
③ **검색** : 찾고 싶은 콘텐츠를 직접 검색할 수 있어요.
④ **난이도** : 난이도에 따라 6단계로 표시 되어있어요.

(쉬움)   (어려움)

⑤ **즐겨찾기 추가** : 즐겨찾기를 등록하면 즐겨찾기 화면에서 확인할 수 있어요.
⑥ **메뉴 보이기/숨기기** : 메뉴를 보이거나 숨길 수 있어요.
⑦ **종료 단추** : 프로그램을 종료할 때 사용해요.
⑧ **GCompris 소개** : GCompris에 대한 소개를 볼 수 있어요.
⑨ **도움말** : GCompris를 사용하는 방법을 볼 수 있어요.
⑩ **환경설정** : GCompris 프로그램 전체에 대한 설정할 수 있어요.

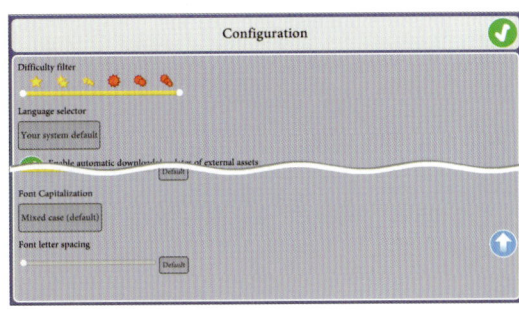

▲ 환경설정 화면

Orientation 03

⑪ **개별설정** : 선택한 콘텐츠에 대한 난이도를 설정할 수 있어요.

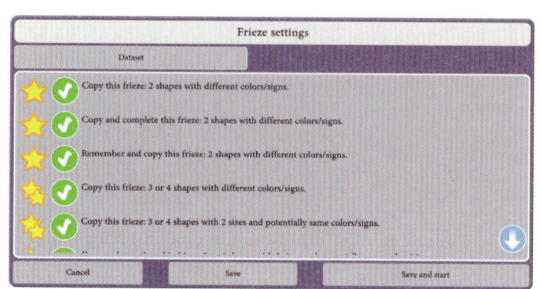

▲ 개별설정 화면

2 GCompris 동물 대원 소개하기

냥이 대원	포포 대원	핑키 대원	용용 대원
키보드, 마우스 활용	논리, 미술, 음악	과학 놀이	미로 게임

하양 대원	판디 대원	밀키 대원	개굴 대원
숫자 놀이	퍼즐 놀이	패턴 찾기	논리 게임 대결

목차 Contents

010 **Chapter 01** 컴퓨터와 친해지기
- 컴퓨터의 기본 구성 요소 알아보기
- 컴퓨터를 켜는 방법과 끄는 방법

014 **Chapter 02** GCompris의 세계로 온 걸 환영해!
- 냥이 대원과 함께하는 마우스 연습 : click on me, click and draw
- 냥이 대원과 함께하는 키보드 연습 : simple letters, falling words

020 **Chapter 03** 하양 대원과 함께 숫자와 친해지기
- 숫자에 맞추어 색칠하기 : count and color the circles
- 숫자 카드 순서 맞추기 : ordering numbers

026 **Chapter 04** 포포 대원과 함께 규칙 찾기
- 칙칙폭폭 기차 모양 찾기 : railroad activity
- 규칙적인 도형 찾기 : frieze
- 규칙적인 과일 찾기 : logical associations

032 **Chapter 05** 판디 대원과 함께 퍼즐 맞추기
- 칙칙폭폭 기차 퍼즐 맞추기 : baby puzzle
- 똑같은 위치로 이동하기 : build the same model
- 똑같은 위치에 색칠하기 : redraw the given image

038 **Chapter 06** 포포 대원과 함께하는 길 찾기
- 포포 대원에게 길 안내하기 1 : path decoding
- 포포 대원에게 길 안내하기 2 : path decoding relative
- 포포 대원에게 길 안내하기 3 : path encoding relative

044 **Chapter 07** 용용 대원과 함께 미로 탈출하기
- 스피드하게 미로 탈출하기 1 : maze
- 스피드하게 미로 탈출하기 2 : relative maze
- 미로를 직접 설계하기 : programming maze

050 **Chapter 08** 종합평가

| 052 | **Chapter 09** 핑키 대원과 함께하는 색칠 놀이 |

- 핑키 대원과 함께하는 물감 놀이 : mixing paint colors
- 핑키 대원과 함께하는 조명 놀이 : mixing light colors
- 나라별 세계지도 색칠하기 : locate the countries

| 058 | **Chapter 10** 포포 대원과 함께하는 음악 놀이 |

- 같은 소리가 나는 카드 찾기 : audio memory game against Tux
- 소리나는 멜로디의 순서 찾기 : melody
- 나만의 악보 만들기 : piano composition

| 064 | **Chapter 11** 밀키 대원과 함께 물건 정리하기 |

- 같은 종류의 그림 연결하기 : matching items
- 색깔별 물건 정리하기 : categorization
- 알록달록 오리 찾기 : colors

| 070 | **Chapter 12** 하양 대원과 함께하는 숫자 놀이 |

- 마법 모자 속의 숫자 마술(덧셈) : the magician hat(+)
- 마법 모자 속의 숫자 마술(뺄셈) : the magician hat(−)
- 나는야 백발백중 사격왕 : practice addition with a target game

| 076 | **Chapter 13** 하양 대원과 함께하는 주사위 놀이 |

- 길이 재고 숫자 입력하기 : read a graduated line
- 두 주사위의 합 맞추기 : numbers with dominoes
- 주사위로 펼치는 얼음 위 모험 : count intervals

| 082 | **Chapter 14** 하양 대원과 함께하는 시간 여행 |

- 아날로그 시계로 시간 설정하기(Hour : 시) : learning clock
- 아날로그 시계로 시간 설정하기(Minute : 분) : learning clock
- 아날로그 시계로 시간 설정하기(Second : 초) : learning clock

| 088 | **Chapter 15** 하양 대원과 함께하는 기념일 |

- 달력에서 날짜 찾기 : calendar
- 달력에서 요일 찾기 : calendar

| 094 | **Chapter 16** 종합평가 |

Contents 02

096   **Chapter 17**   포포 대원과 함께하는 블록 놀이
- 블록 하나씩 차곡차곡 옮기기 : simplified tower of Hanoi
- 최소한의 움직임으로 블록 이동하기 : the tower of Hanoi
- 꽉 막힌 주차장 탈출하기 : a sliding-block puzzle game

102   **Chapter 18**   핑키 대원이 알려주는 아날로그 전기
- 전구를 이용한 이진수 놀이 : binary bulbs
- 아날로그 전구 연결하기 : analog electricity

108   **Chapter 19**   핑키 대원이 알려주는 디지털 전기
- 디지털 신호 연결하기 : digital electricity
- 디지털 신호 기호 알아보기(AND 게이트와 OR 게이트) : digital electricity
- 디지털 신호 기호 알아보기(NOT 게이트와 NAND 게이트) : digital electricity

114   **Chapter 20**   하양 대원과 함께 시장 체험
- 과일 종류별 개수 세기 : count the items
- 선물 상자의 무게 맞추기 : balance the scales properly

120   **Chapter 21**   하양 대원과 함께 물건 계산하기
- 구매할 물건값 계산하기 : money
- 구매하고 남은 거스름돈 계산하기 : give Tux his change

126   **Chapter 22**   핑키 대원과 함께하는 날씨 에너지
- 물의 순환 과정 알아보기 : water cycle
- 전기 에너지의 발생 과정 알아보기 : renewable energy
- 전기 에너지와 풍력 발전소 이용하기 : renewable energy

134   **Chapter 23**   핑키 대원과 함께하는 과학자 체험
- 흔들흔들 균형 잡으며 공 움직이기 : balance box
- 중력의 힘으로 끌어당기는 행성 피하기 : gravity
- 우주선 착륙 게임 : land safe

140   **Chapter 24**   종합평가

CHAPTER 01 컴퓨터와 친해지기

학습 목표

- 컴퓨터를 구성하는 주요 부품(모니터, 본체, 키보드, 마우스)의 이름과 역할에 대해 알아봅니다.
- 컴퓨터를 안전하게 켜는 방법과 끄는 방법에 대해 알아봅니다.
- 마우스와 키보드를 사용해봅니다.

컴퓨터와 바탕화면에 색을 칠해서 나만의 컴퓨터 책상을 꾸며주세요.

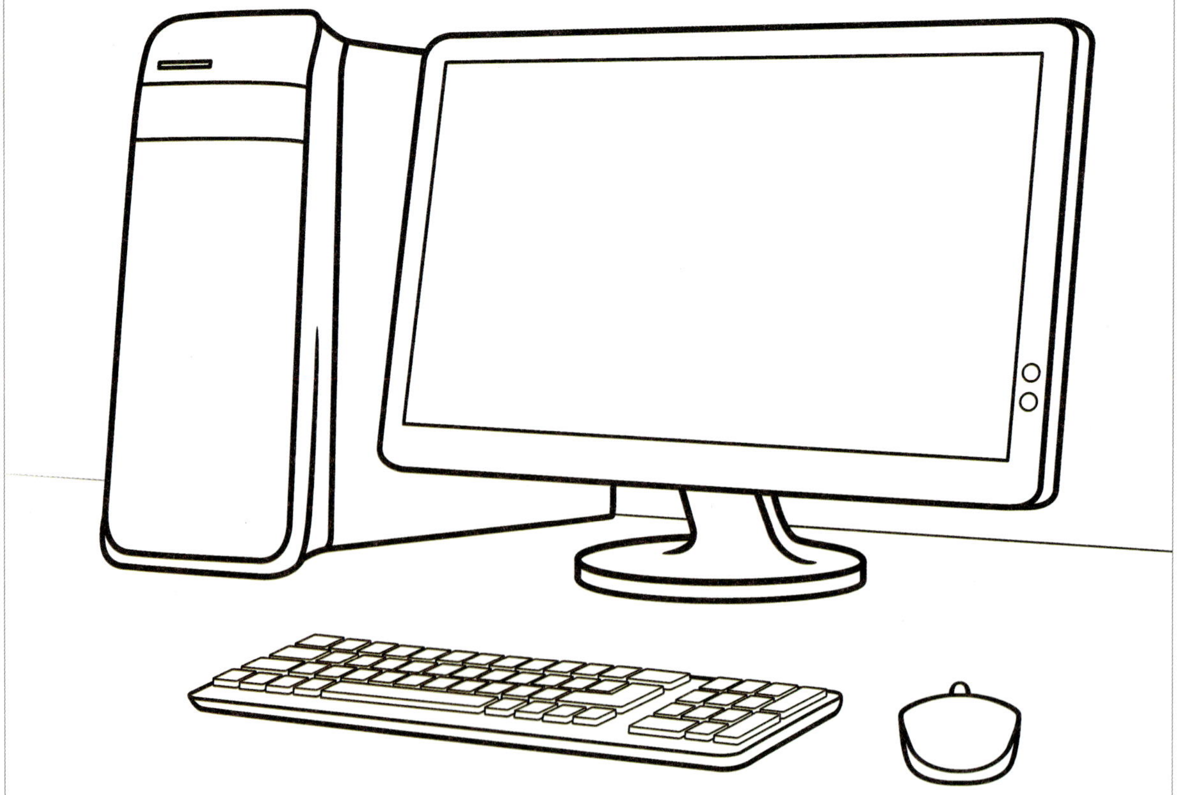

문제 해결을 위한 생각 기르기

■ 컴퓨터 전원을 켜기 위해서는 '본체'와 '콘센트'가 연결되어야 해요! 다음 중 바르게 연결된 선은 무엇일까요?

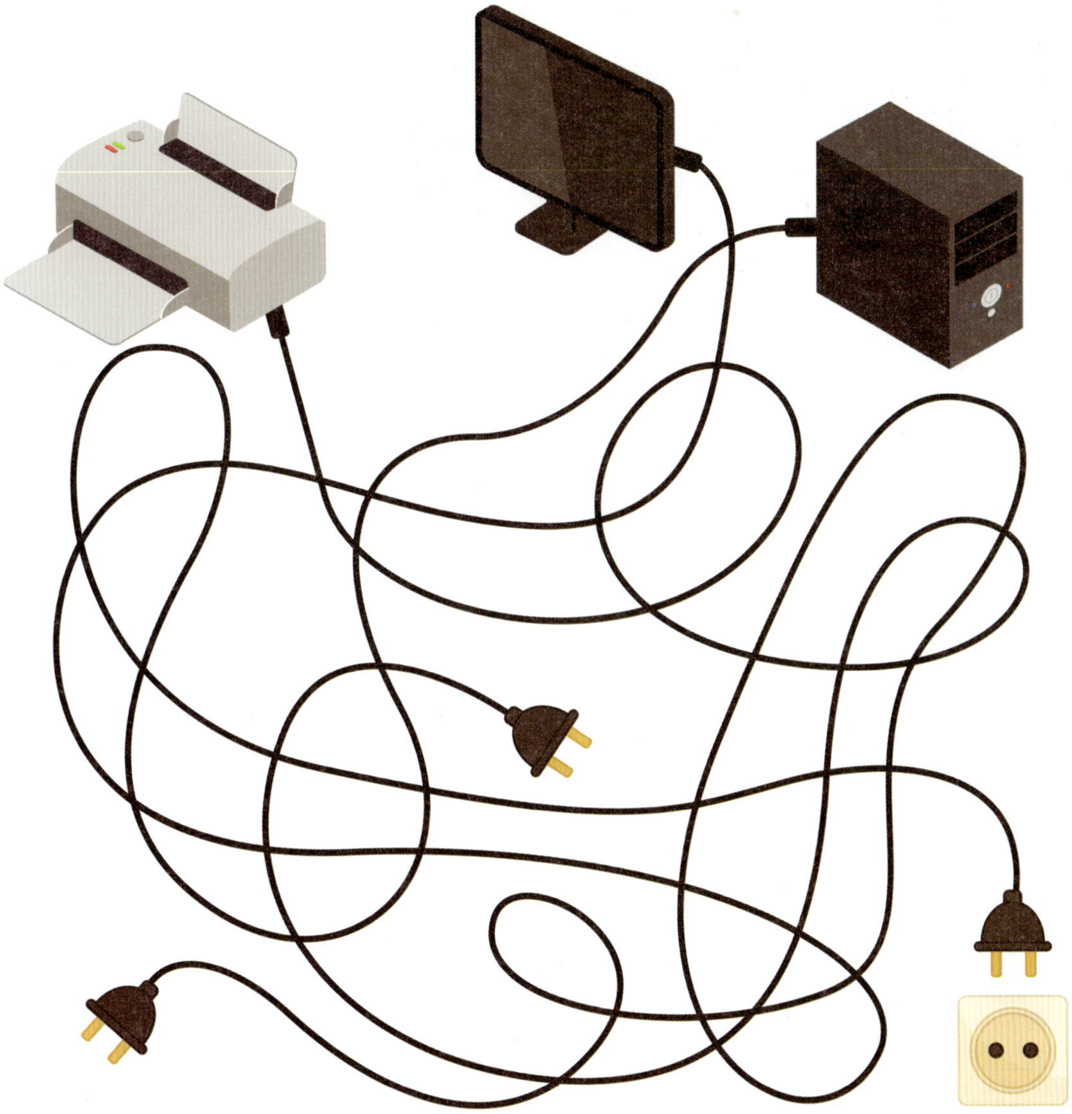

01 컴퓨터를 구성하는 주요 장치 알아보기

❶ 컴퓨터를 구성하는 주요 장치는 다음과 같이 구성되어 있어요.

모니터는 우리가 보는 화면이에요. TV처럼 생겼고, 컴퓨터에서 무슨 일이 일어나는지 보여줘요.

본체는 컴퓨터의 머리나 뇌와 같아요. 컴퓨터가 하는 중요한 일을 처리해요.

마우스는 컴퓨터를 움직이는 손이에요. 화면에서 원하는 곳을 클릭해서 선택할 수 있어요.

키보드는 글자를 쓰는 도구에요. 컴퓨터에게 무엇을 하고 싶은지 말해 줄 때 사용해요.

USB는 작은 기억장치에요. 컴퓨터에서 다른 곳으로 파일이나 사진을 옮길 때 사용해요.

프린터는 컴퓨터가 만든 글자나 그림을 종이에 인쇄해주는 기계에요.

02 컴퓨터를 켜는 방법과 끄는 방법

❶ 모니터의 전원과 본체의 전원 버튼을 누르면 컴퓨터를 켤 수 있어요.

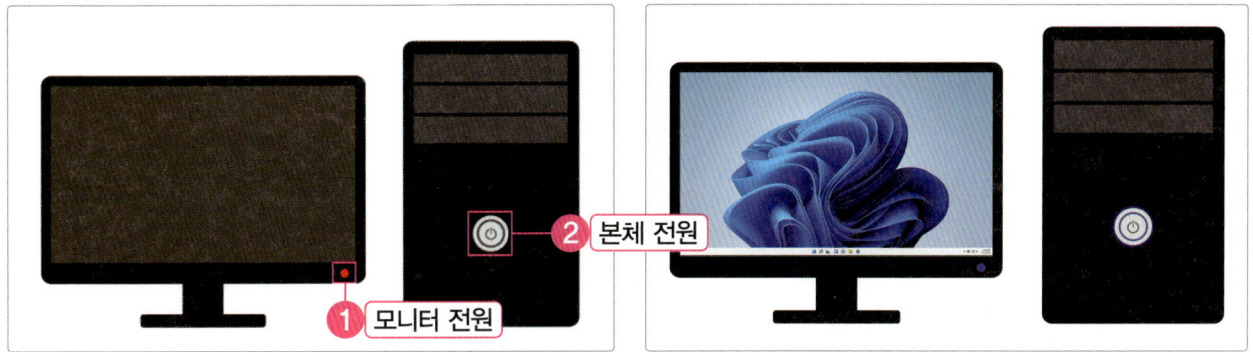

❷ 모니터에 왼쪽 아래에 보이는 [시작(■)] 단추를 클릭하고, [전원(⏻)-시스템 종료] 단추를 클릭합니다.

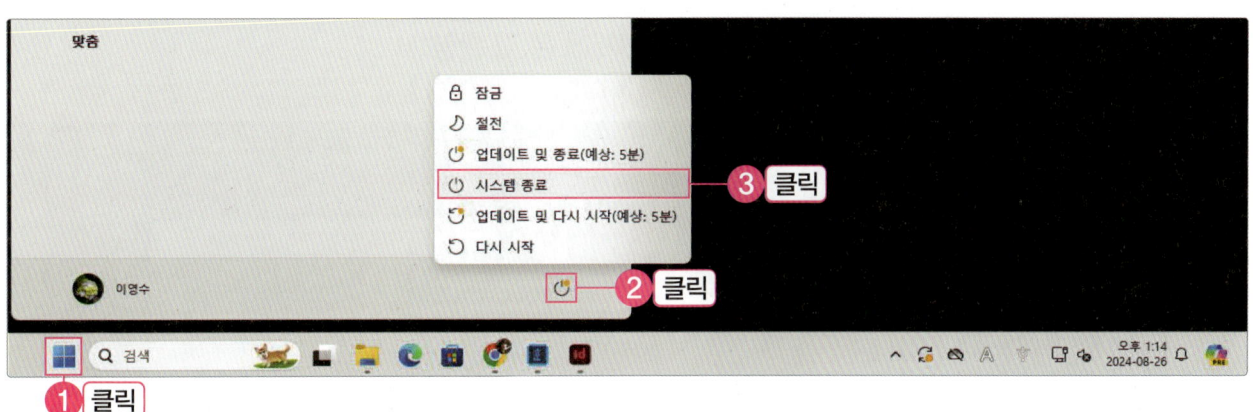

CHAPTER 01

미션 수행하기

미션 1 컴퓨터 장치의 그림을 보고 장치에 대한 이름을 적어 보세요.

CHAPTER 02 GCompris의 세계로 온 걸 환영해!

학습 목표
- GCompris를 이용하여 컴퓨터의 기본 사용법에 대해 알아봅니다.
- 마우스의 클릭과 드래그에 대해 알아봅니다.
- 키보드의 기본 자릿수를 배우며, 인터넷으로 편지 보내는 방법에 대해 알아봅니다.

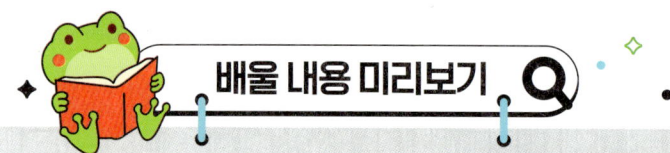

GCompris 세계에 온 걸 환영해!

너는 새로 온 대원이구나~! 만나서 반가워~!
나는 GCompris 세계에 냥이 대원이라고 해!
너의 이름을 알려줄래?

문제 해결을 위한 생각 기르기

■ 우리가 흔히 사용하고 있는 마우스의 모양은 (   ) 동물을 닮았어요!
과연 어떤 동물일지 그림을 보고 알맞은 동물 이름을 적어보세요.

나는 쥐야	나는 용이야	나는 소야
	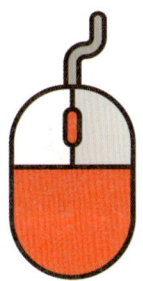	
나는 호랑이야	나는 마우스야	나는 원숭이야

나는 돼지야	나는 닭이야	나는 뱀이야

동물을 선택한 이유는?

01 마우스 모양 살펴보기

❶ **마우스 잡는 방법** : 그림과 같이 마우스에 손을 올려봅니다.

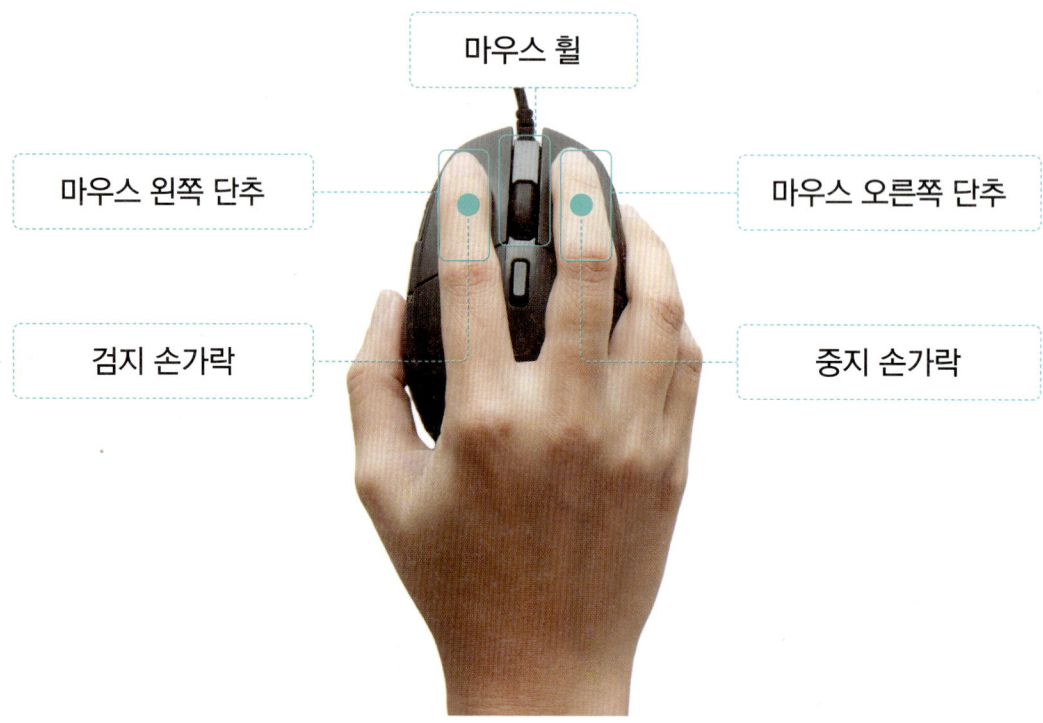

❷ **클릭하기(선택하기)** : 검지 손가락으로 마우스 왼쪽 단추를 한 번(딸깍) 클릭합니다.

❸ **더블 클릭하기(실행하기)** : 검지 손가락으로 마우스 왼쪽 단추를 두 번(딸깍 딸깍) 클릭합니다.

❹ **드래그하기(이동하기)** : 검지 손가락으로 마우스 왼쪽 단추를 누르면서 이동할 위치에서 손을 떼어봅니다.

❺ **휠 굴리기(화면 이동하기)** : 마우스 가운데에 있는 휠을 위/아래로 굴려봅니다.

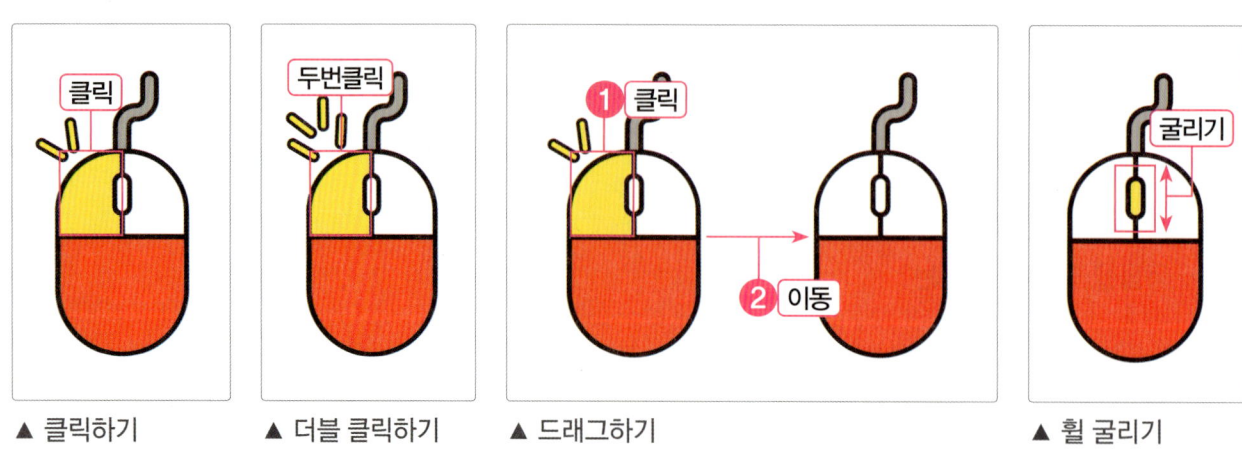

▲ 클릭하기   ▲ 더블 클릭하기   ▲ 드래그하기   ▲ 휠 굴리기

02 마우스 실습하기

❶ '냥이 대원'을 따라서 [Click on me] 메뉴를 클릭합니다.

❷ 바닷속 물고기를 클릭해서 몇 마리인지 세어봅니다.

※ [마우스 왼쪽 단추]를 사용하여 '클릭'합니다.

❸ [홈(🏠)] 버튼을 클릭하고 [메인화면]-[Click and draw] 메뉴를 클릭합니다.

❹ '마우스 클릭'과 '드래그'를 사용해서 선을 이어 그림을 그려봅니다.

03 키보드 모양 살펴보기

❶ 키보드의 모양을 살펴보고 표시된 색깔에 맞춰서 키보드에 손을 올려봅니다.

❷ '냥이 대원'을 따라서 [Simple letters] 메뉴를 클릭합니다.

❸ 위에서 아래로 내려오는 '알파벳'을 키보드에서 찾아서 눌러봅니다.

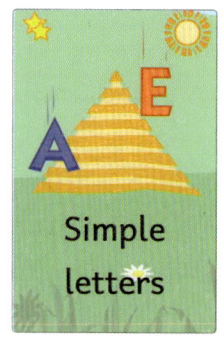 

❹ [홈(⌂)] 버튼을 클릭하고 [메인화면]-[Falling words] 메뉴를 클릭합니다.

❺ 위에서 아래로 내려오는 '영어 단어'를 키보드에서 찾아서 눌러봅니다.

CHAPTER 02

미션 수행하기

 선생님께 인터넷 편지를 작성해 봅니다. '키보드'와 '마우스'를 사용해서 내용을 작성해 보세요.

※ **메뉴 위치** : [홈]-[냥이 대원]-[A baby word processor] 클릭

※ 키보드의 한/영 키를 누르면 한글과 영어를 변경하면서 사용할 수 있어요.

※ 키보드의 CapsLock 키를 누르면 영어를 사용할 때 대문자와 소문자를 변경하면서 사용할 수 있어요.

미션 2 편지 작성을 완료한 다음 제목을 '편지'로 입력 후 [Save] 단추를 클릭해서 저장합니다.

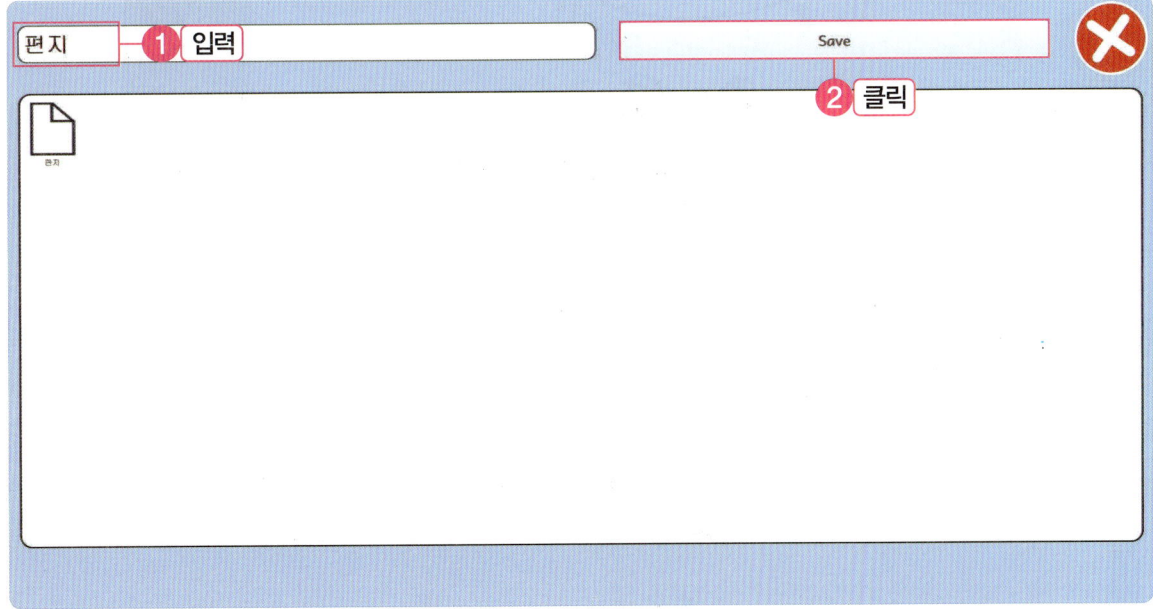

Chapter 02 GCompris의 세계로 온 걸 환영해! • 019

하양 대원과 함께 숫자와 친해지기

학습 목표

- 0부터 10까지의 숫자를 익히고 이해합니다.
- 숫자의 순서를 알고, 간단한 덧셈과 뺄셈에 대해 알아봅니다.
- GCompris 프로그램을 활용하여 숫자 학습에 대한 흥미를 높입니다.

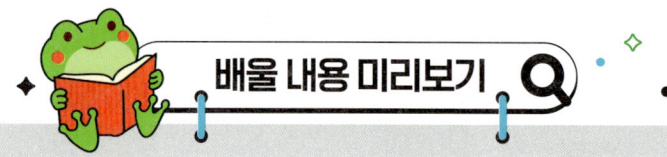

1부터 20까지 순서대로 선을 그린 다음 원하는 색으로 색칠해 보세요.

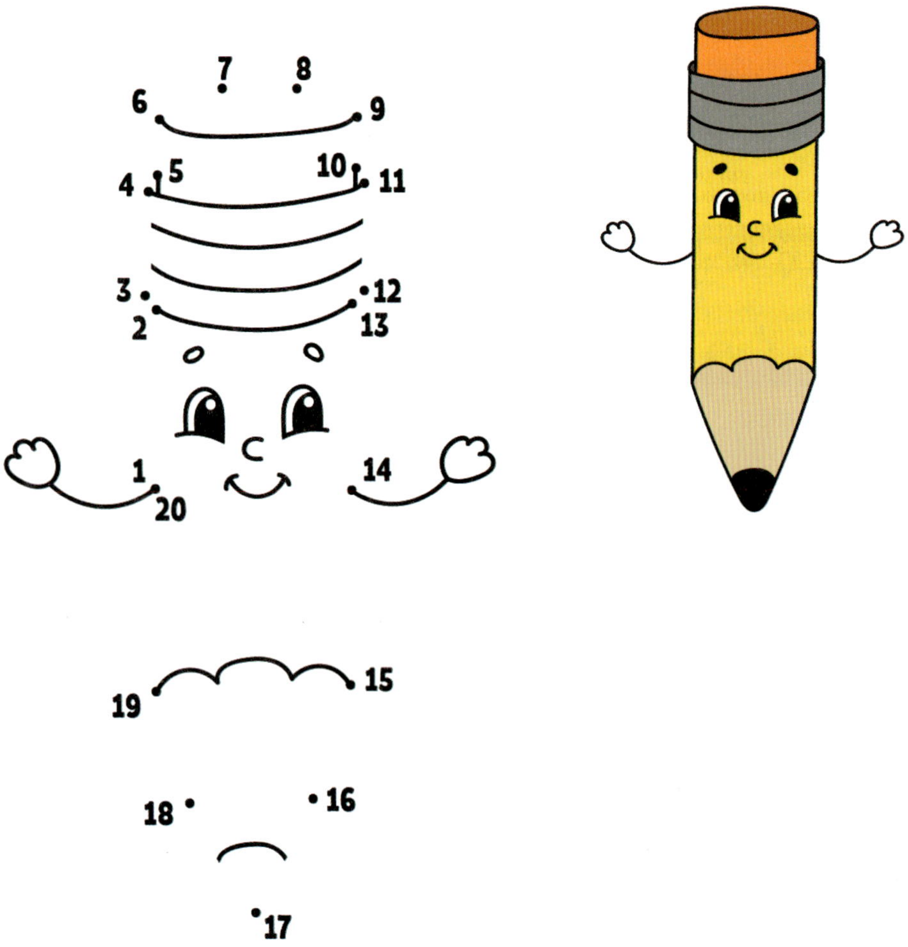

문제 해결을 위한 생각 기르기

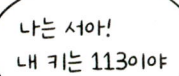

1. 4명의 친구들 중에서 제일 키가 큰 친구는 누구일까요?

2. 서아가 도현이만큼 키가 커지기 위해서 얼만큼의 숫자가 필요할까요?

   도현이의 키 : ☐ − 서아의 키 : ☐ = ☐

3. 지유와 이찬이의 키를 합치면 얼마가 될까요?

   지유의 키 : ☐ + 이찬이의 키 : ☐ = ☐

4. 총 11개의 연필을 빨간색, 노란색, 초록색으로 분류한다면 각각 몇 개일까요?

01 숫자에 맞추어 동그란 원 색칠하기

❶ '하양 대원'을 따라서 [Numeration]-[Count and color the circles] 메뉴를 클릭합니다.

❷ 표시된 숫자만큼 동그란 원을 클릭해서 색을 칠하고 [OK] 단추를 클릭합니다.

❸ 다시 색을 지우는 방법은 색칠된 원을 한 번 더 클릭합니다.

02 숫자 카드를 순서대로 정리하기

❶ '하양 대원'을 따라서 [Numeration]-[Ordering numbers] 메뉴를 클릭합니다.

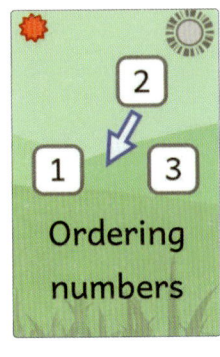
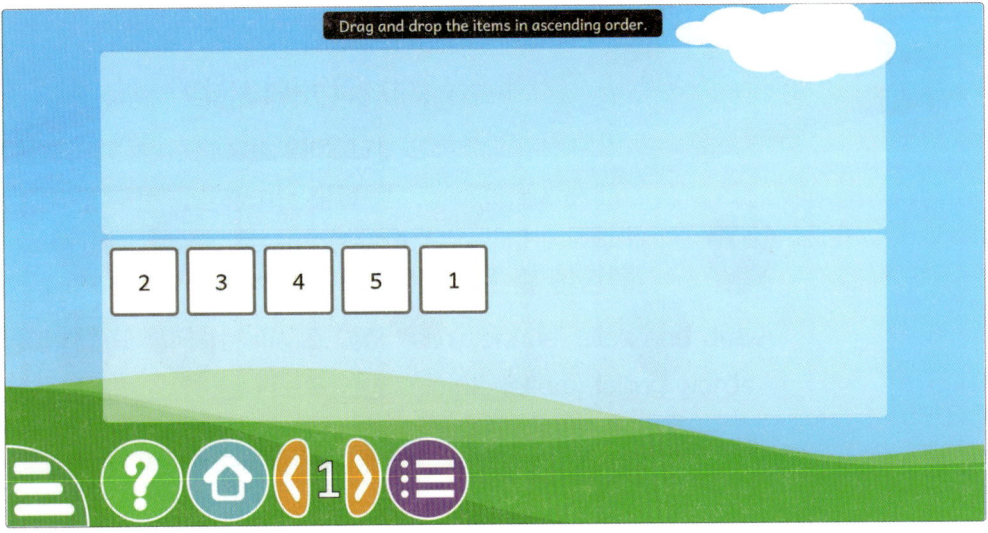

❷ 숫자를 '1'부터 순서대로 마우스 '클릭'과 '드래그'를 사용해서 배치하고 [OK] 단추를 클릭합니다.

※ Ascending(오름차순) : 작은 값부터 큰 값 순서로 배치합니다.
※ Descending(내림차순) : 큰 값부터 작은 값 순서로 배치합니다.

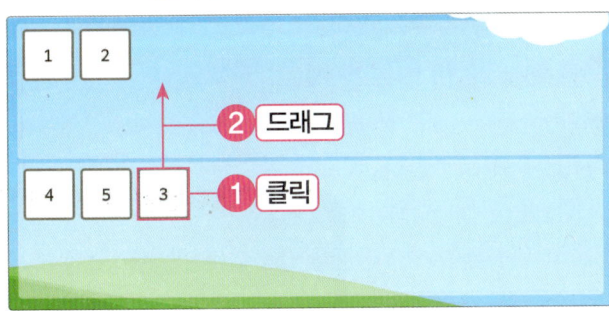
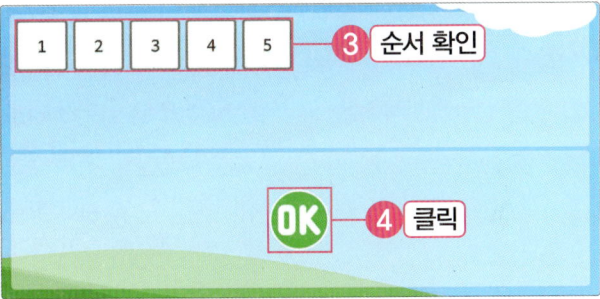

❸ 만일 숫자를 잘못 배치하였을 때 숫자 블록을 클릭 후 올바른 순서에 드래그하여 배치합니다.

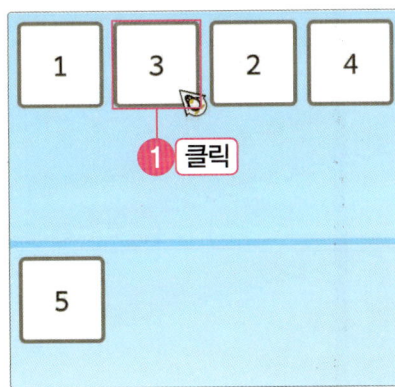
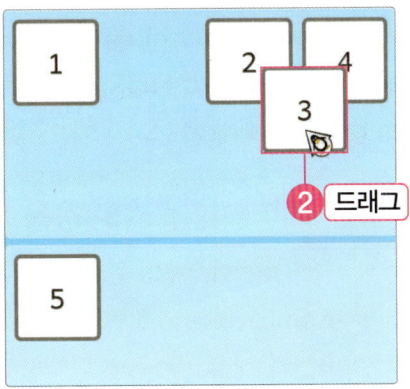
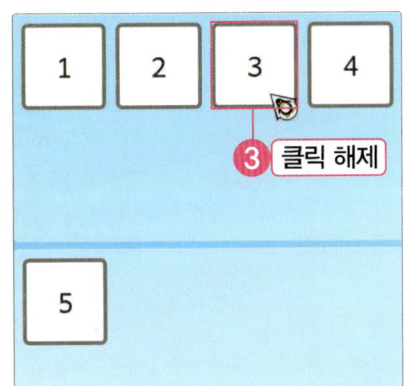

CHAPTER 03 미션 수행하기

미션 1 카드가 섞여 있어요! 딸기가 가장 많은 카드부터 적은 카드 순서대로 정리해 주세요.

미션 2 스마트 폰이 잠겨있어요! 다행히도 비밀번호 설정할 때 메모해 둔 게 있었네요~
〈메모〉를 보고 숫자로 된 비밀번호를 입력해 주세요.

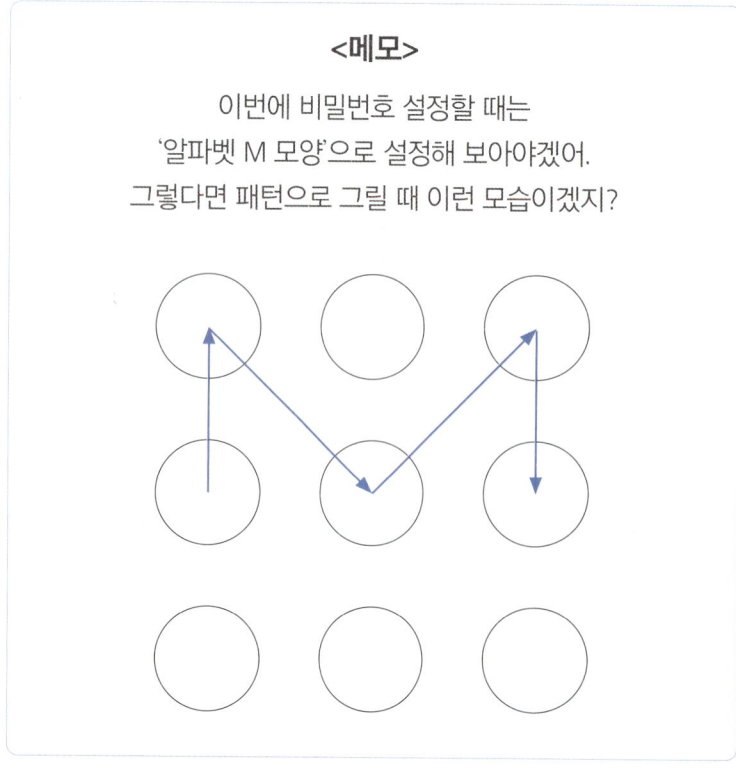

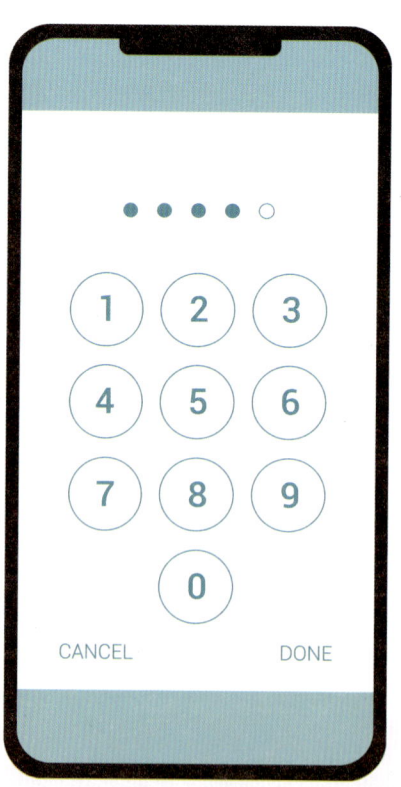

CHAPTER 04 포포 대원과 함께 규칙 찾기

학습 목표

- 자료 속에서 패턴과 규칙을 찾아봅니다.
- 관찰력과 논리적 사고를 배워봅니다.
- GCompris 프로그램을 활용하여 관찰력 향상과 규칙 찾기에 대한 흥미를 높입니다.

배울 내용 미리보기

그림 속 친구들은 할로윈 파티를 즐기는 중이에요! 다음 그림에서 5개의 숨은 그림을 찾고 보너스로 숨어있는 고양이를 찾아서 동그라미로 표시해 주세요.

숨은 그림 1

숨은 그림 2

숨은 그림 3

숨은 그림 4

숨은 그림 5

숨은 그림 6

문제 해결을 위한 생각 기르기

■ 컵에 담긴 음료의 색과 같은 색의 빨대로 마시려고 해요. 빨대 색상을 보고 알맞은 컵에 연결해 보세요!

■ 더운 여름날 바다에 놀러 갔어요! 여름과 어울리는 단어를 찾아 동그라미로 표시해 주세요.

01 칙칙폭폭 기차 모양 찾기

❶ '포포 대원'을 따라서 [Logic]-[Railroad activity] 메뉴를 클릭합니다.

❷ 기차의 모습을 잘 기억하세요. 일정 시간이 지난 후 기차가 떠납니다.

※ 기차가 떠나기 전에 기차 모양을 클릭하면 바로 기차가 사라집니다.

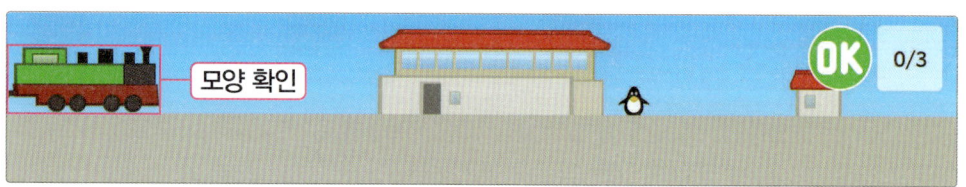

❸ 기차가 떠난 후 기차 목록에서 똑같은 기차 모양을 클릭해서 기차 자리에 드래그해서 놓고 [OK] 단추를 클릭합니다.

※ [힌트(💡)] 단추를 클릭하면 힌트를 볼 수 있어요.

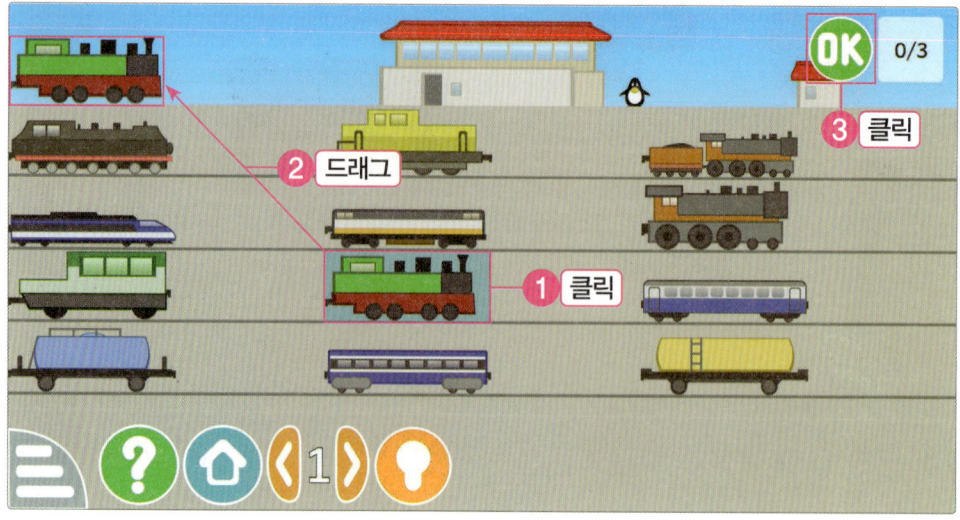

02 차근차근 규칙적인 도형 찾기

❶ '포포 대원'을 따라서 [Logic]-[Frieze] 메뉴를 클릭합니다.

※ 도형 모양은 실행할 때마다 변경됩니다.

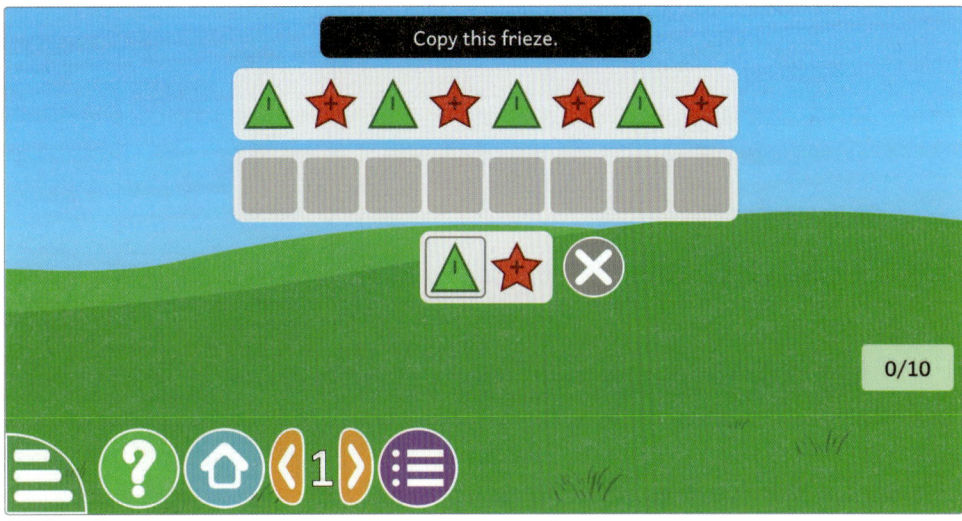

❷ 규칙적으로 반복되는 도형의 모양을 확인하고 똑같은 도형을 순서대로 클릭합니다.

※ 도형을 잘못 선택한 경우에는 [취소(❌)] 단추를 클릭합니다.

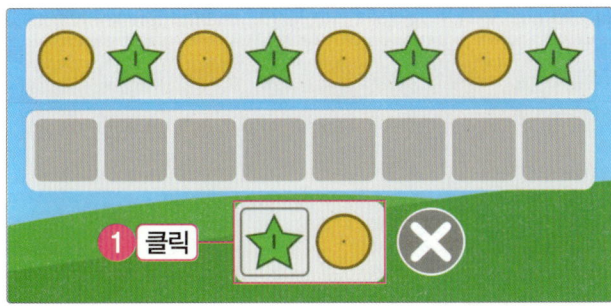

❸ 도형이 완성되었으면 [OK] 단추를 클릭합니다.

03 차근차근 규칙적인 과일 찾기

❶ '포포 대원'을 따라서 [Logic]-[Logical associations] 메뉴를 클릭합니다.

※ 과일 모양은 실행할 때마다 변경됩니다.

❷ 일정하게 반복되는 과일의 규칙을 먼저 찾고(❓) 자리에 들어갈 과일을 찾아서 클릭합니다.

❸ 반복되는 규칙을 확인하고 반복되는 과일을 찾아서 마우스로 클릭합니다.

CHAPTER 04

미션 수행하기

미션 1 다음과 같은 규칙으로 아이스크림이 반복된다면, 비어있는 자리에 어떤 모양의 아이스크림이 들어가야 하는지 간단히 그림으로 그려보세요.

미션 2 '포포 대원'을 따라서 [Logic]-[The fifteen game] 메뉴를 클릭합니다.

- 그림을 마우스로 클릭하면서 이동하여 그림을 완성해 주세요!

판디 대원과 함께 퍼즐 맞추기

학습 목표

- 퍼즐 속에서 패턴과 규칙을 찾아봅니다.
- 관찰력과 공간지각 능력을 배워봅니다.
- GCompris 프로그램을 활용하여 창의적 사고와 문제 해결 능력에 대한 흥미를 높입니다.

완성된 모습을 참고해서 똑같은 위치에 색을 칠해 보세요. 병아리가 완성되었나요~? ▷▷

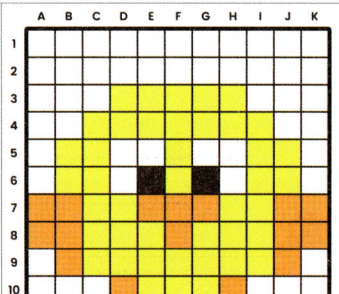

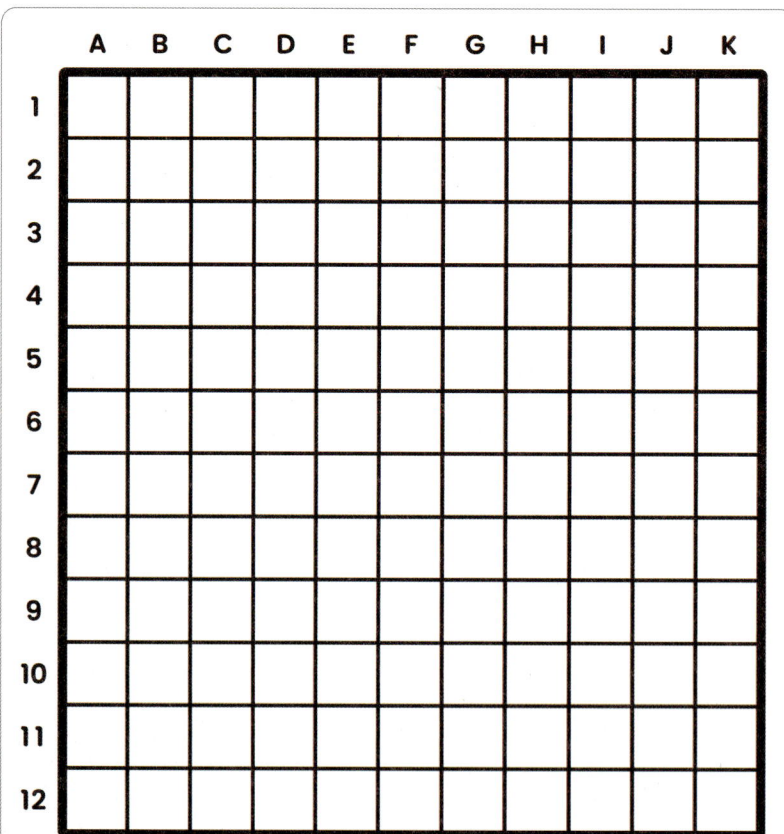

문제 해결을 위한 생각 기르기

■ <보기> 그림을 보고 틀린 그림 5개를 찾아서 동그라미 표시해 보세요!

보기

Chapter 05 판디 대원과 함께 퍼즐 맞추기 • 033

01 칙칙 폭폭! 기차 퍼즐 만들기

① '판디 대원'을 따라서 [Baby puzzle] 메뉴를 클릭합니다.

② 그림자를 보고 기차의 모양을 겹치게 배치합니다.

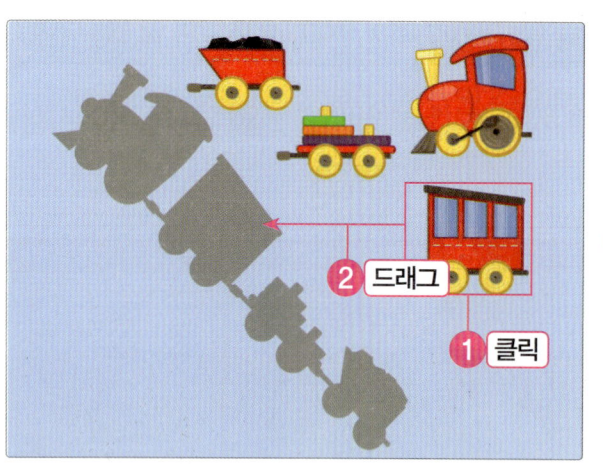

③ 기차 모양을 회전할 때는 기차 조각을 클릭하고 [🔄] 단추를 클릭하면서 드래그하면 원하는 방향으로 회전할 수 있습니다.

④ 기차 방향을 반대로 변경할 때는 기차 조각을 클릭하고 [⇄] 단추를 클릭하면 방향을 변경할 수 있습니다.

02 똑같은 위치로 이동하기

❶ '판디 대원'을 따라서 [Build the same model] 메뉴를 클릭합니다.
   ※ 물건의 위치는 실행할 때마다 변경됩니다.

❷ 오른쪽에 있는 완성된 그림을 보고 왼쪽에 있는 물건을 똑같은 위치로 이동해야 합니다.

❸ 옮기려고 하는 물건을 마우스로 클릭합니다.

❹ 물건이 선택된 다음 [△▽◁▷] 단추를 누르거나 [키보드 방향키]를 사용하여 이동합니다.

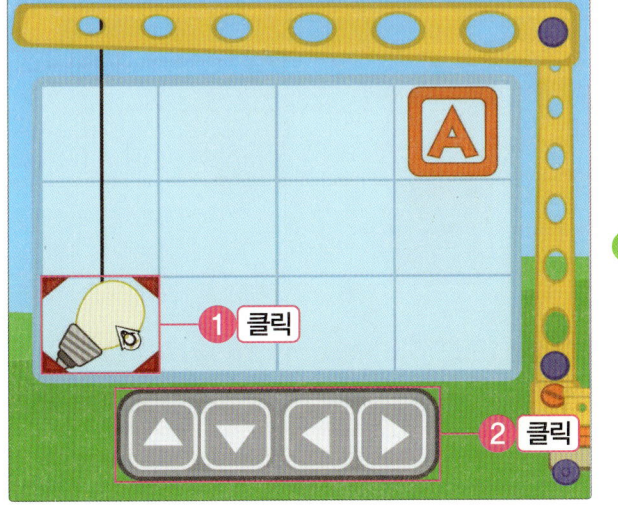

Chapter 05 판디 대원과 함께 퍼즐 맞추기 • 035

03 똑같은 위치에 색칠하기

❶ '판디 대원'을 따라서 [Redraw the given image] 메뉴를 클릭합니다.

❷ 오른쪽에 있는 완성된 그림을 보고 똑같이 왼쪽에 있는 빈칸을 클릭해서 색을 칠해줍니다.

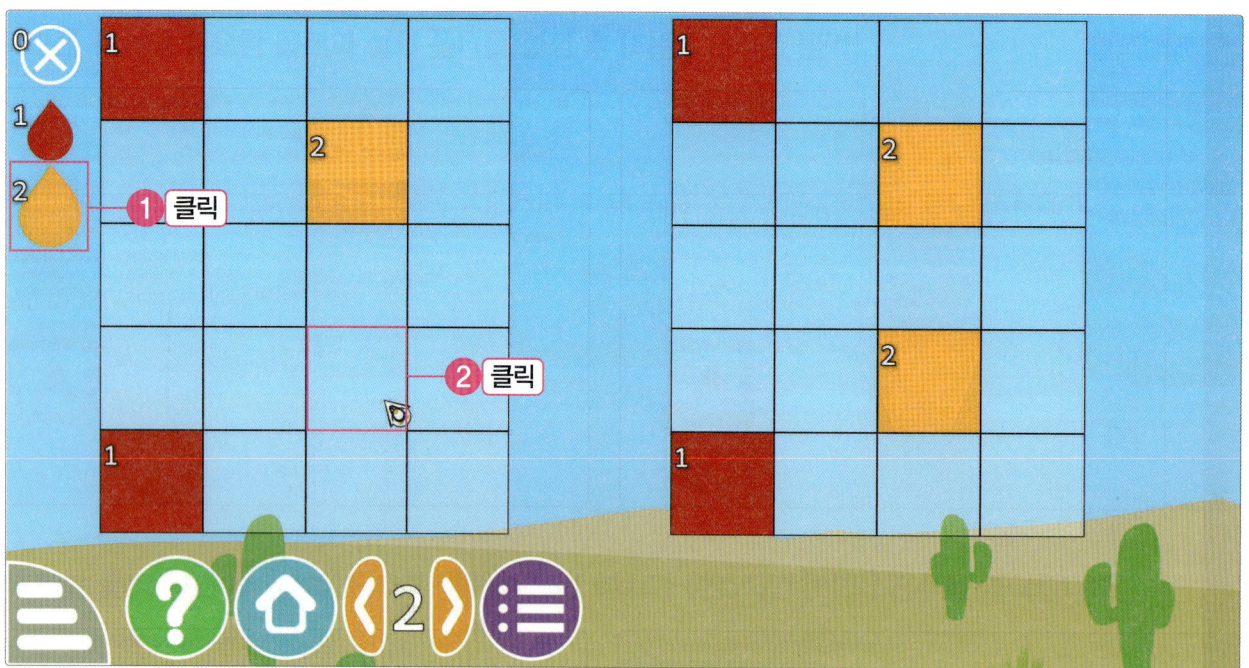

❸ 색을 변경할 때는 왼쪽에 있는 색 목록에서 색칠하고 싶은 색을 클릭합니다.

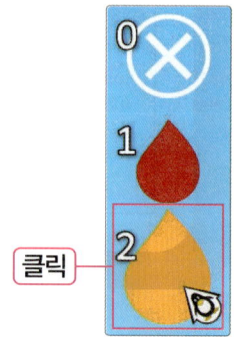

CHAPTER 05

미션 수행하기

미션 1 거울에 비친 모습을 보고 알맞은 캐릭터와 연결해 주세요.

미션 2 '판디 대원'을 따라서 [Mirror given image] 메뉴를 클릭합니다.

- <4단계>로 설정합니다.
- 오른쪽에 있는 그림을 보고 거울에 비친 모습으로 왼쪽 칸에 색을 채워주세요.

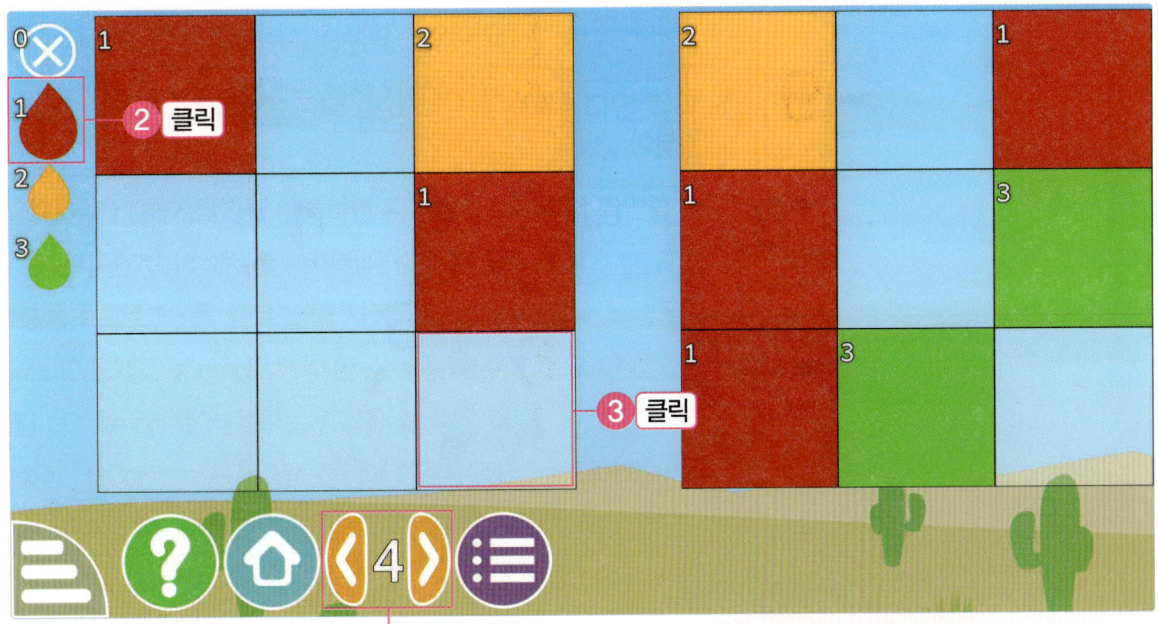

Chapter 05 판디 대원과 함께 퍼즐 맞추기 · 037

CHAPTER 06 포포 대원과 함께하는 길 찾기

학습 목표

- 회전 방향과 좌표의 기본 개념을 이해합니다.
- 길 찾기 활동을 통해 논리적 사고력을 배워봅니다.
- GCompris 프로그램을 활용하여 창의적 사고와 문제 해결 능력에 대한 흥미를 높입니다.

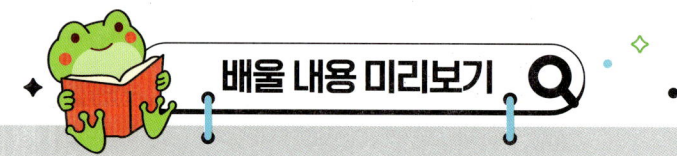

이런.. 시계가 고장났네요. 초등학교 1학년이 된 이서는 학교에 가기 위해서 아침 8시에 일어나야 해요! 시계가 8시가 되도록 그려주세요.

시계 반대 방향　　　　　　　　　　　　　　　　　　　　시계 방향

문제 해결을 위한 생각 기르기

■ 이서를 도와서 학교까지 가는 길을 순서대로 색칠해 주세요.

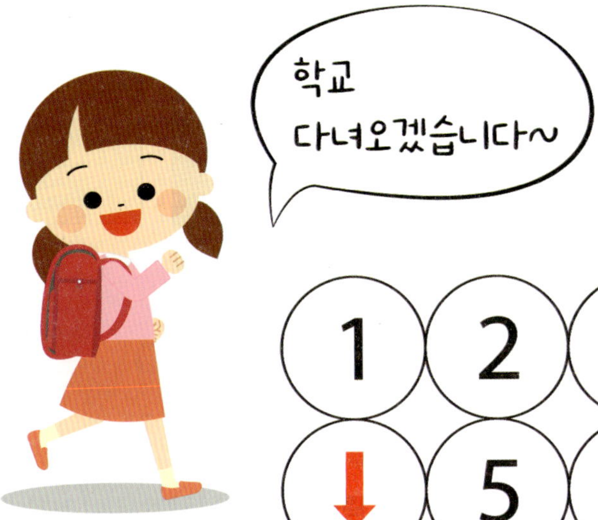

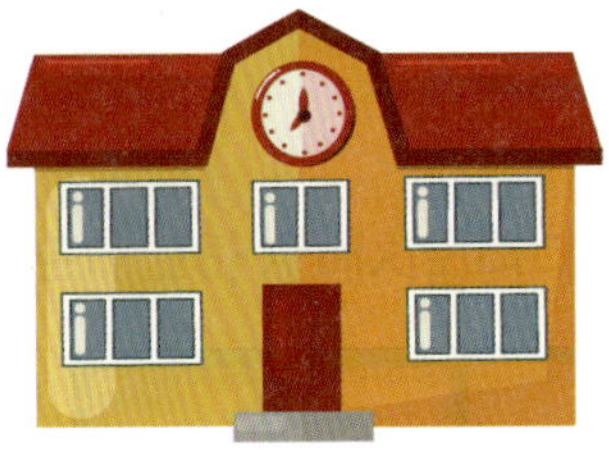

01 포포 대원에게 길 안내하기 1

❶ '포포 대원'을 따라서 [Logic]-[Path decoding] 메뉴를 클릭합니다.

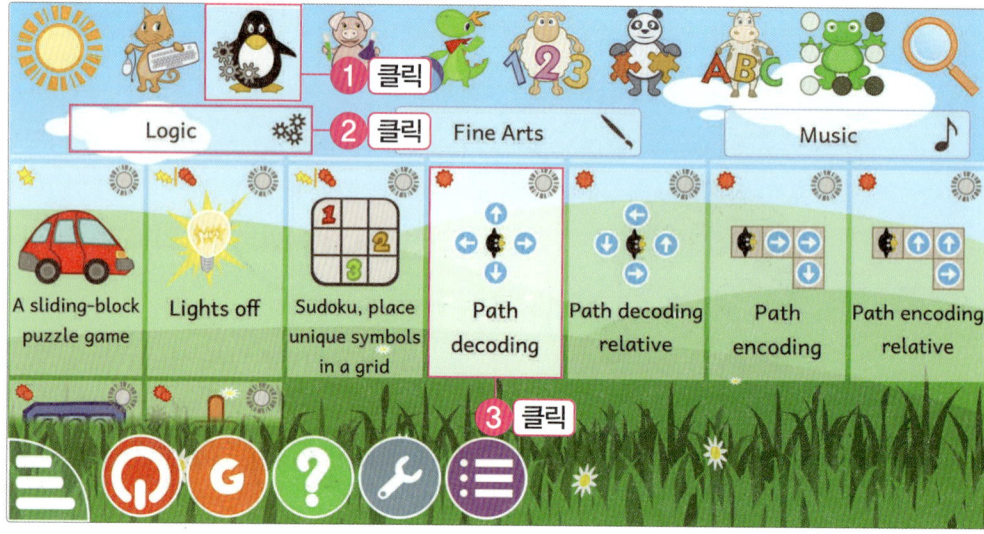

❷ '포포 대원'이 목적지에 잘 도착할 수 있도록 길 안내가 필요해요.

❸ 왼쪽에 있는 방향을 확인하고 마우스로 칸을 클릭해 주세요.

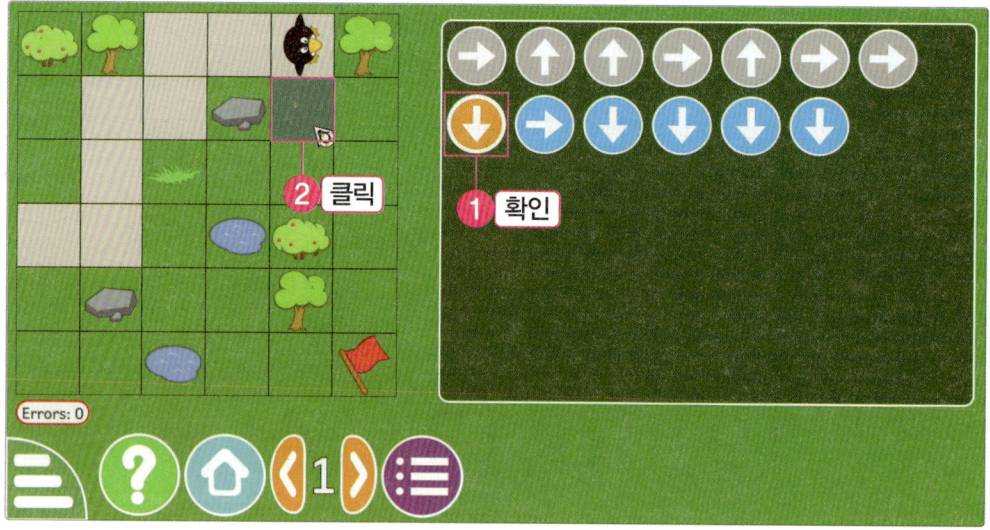

✋ 여기서 잠깐!

'포포 대원'에게 길을 알려주다가 혹시 잘못 안내한 적 있나요? 목적지에 도착했을 때 'Errors(오류)'의 횟수를 확인하고 'Errors(오류)'가 0이 되는 것을 목표로 안내해 보세요.

Errors: 1

<중간 체크>
길 안내가 완료되었나요? O, X
몇 단계인가요? (   ) 단계
Errors(오류)는 몇 개인가요? (   ) 개

02 포포 대원에게 길 안내하기 2

❶ '포포 대원'을 따라서 [Logic]-[Path decoding relative] 메뉴를 클릭합니다.

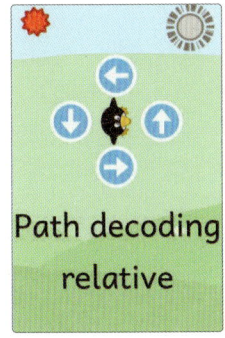

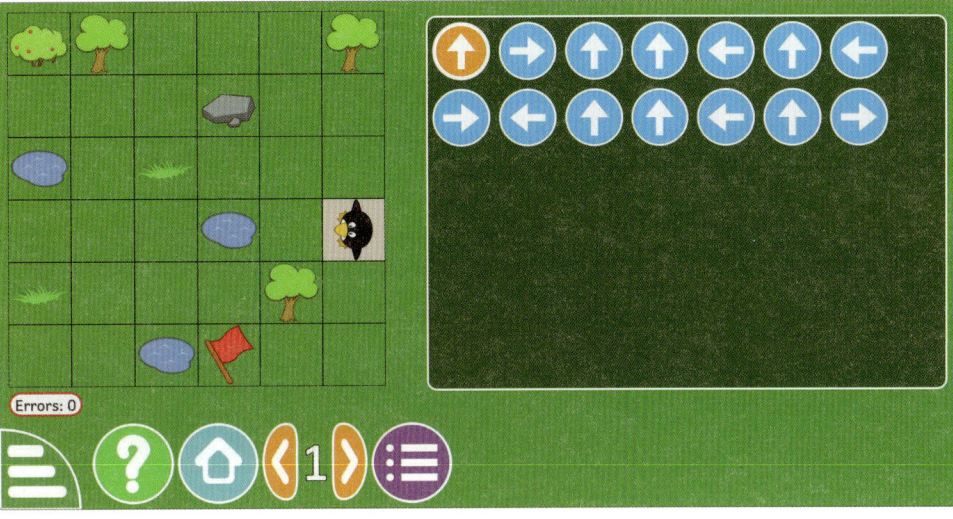

❷ 오른쪽에 있는 '포포 대원'의 방향을 확인하고 마우스로 빈 칸을 클릭해 주세요.

※ 화살표 방향은 '포포 대원'이 바라보는 쪽 기준이에요.

❸ 목적지에 도착했을 때 'Errors(오류)' 횟수를 확인합니다.

Chapter 06 포포 대원과 함께하는 길 찾기 • **041**

03 포포 대원에게 길 안내하기 3

1. '포포 대원'을 따라서 [Logic]-[Path encoding relative] 메뉴를 클릭합니다.

2. 왼쪽에 있는 회색으로 표시된 길을 확인하고 [⬆ ⬇ ⬅ ➡] 방향 단추를 클릭하거나 [키보드 방향키]를 사용하여 길을 안내해주세요.

⬆	⬇	⬅	➡
앞으로 이동	뒤로 이동	왼쪽으로 회전	오른쪽으로 회전

3. 목적지에 도착했을 때 'Errors(오류)' 횟수를 확인합니다.

CHAPTER 06

미션 수행하기

미션 1 도로가 차로 꽉 막혀있어요! 빨간 불이 들어온 곳을 피해서 파란색 차와 초록색 차가 만날 수 있도록 경로를 그려주세요.

CHAPTER 07 용용 대원과 함께 미로 탈출하기

학습 목표

- 회전 방향과 좌표의 개념을 이해합니다.
- 미로 탈출 활동을 통해 순차적, 논리적 사고력을 배워봅니다.
- GCompris 프로그램을 활용하여 공간 지각 사고와 문제 해결 능력에 대한 흥미를 높입니다.

'포포 대원'과 함께 방향 읽는 방법에 대해 학습해 봅니다.

회전 방향은 오른쪽부터 시작해서 시계 반대 방향으로 회전합니다.

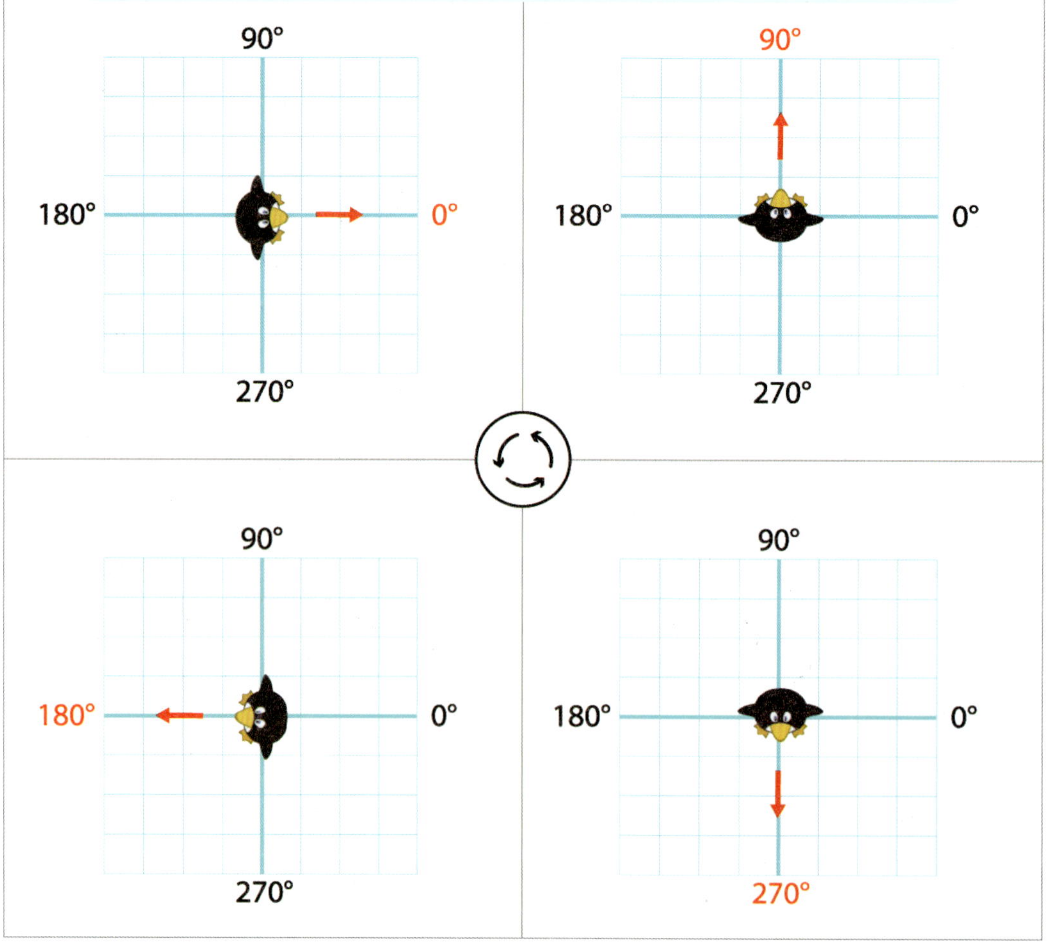

문제 해결을 위한 생각 기르기

■ 공사장에 시멘트를 전달해야 해요. 공사장까지 가는 길을 그려주세요.

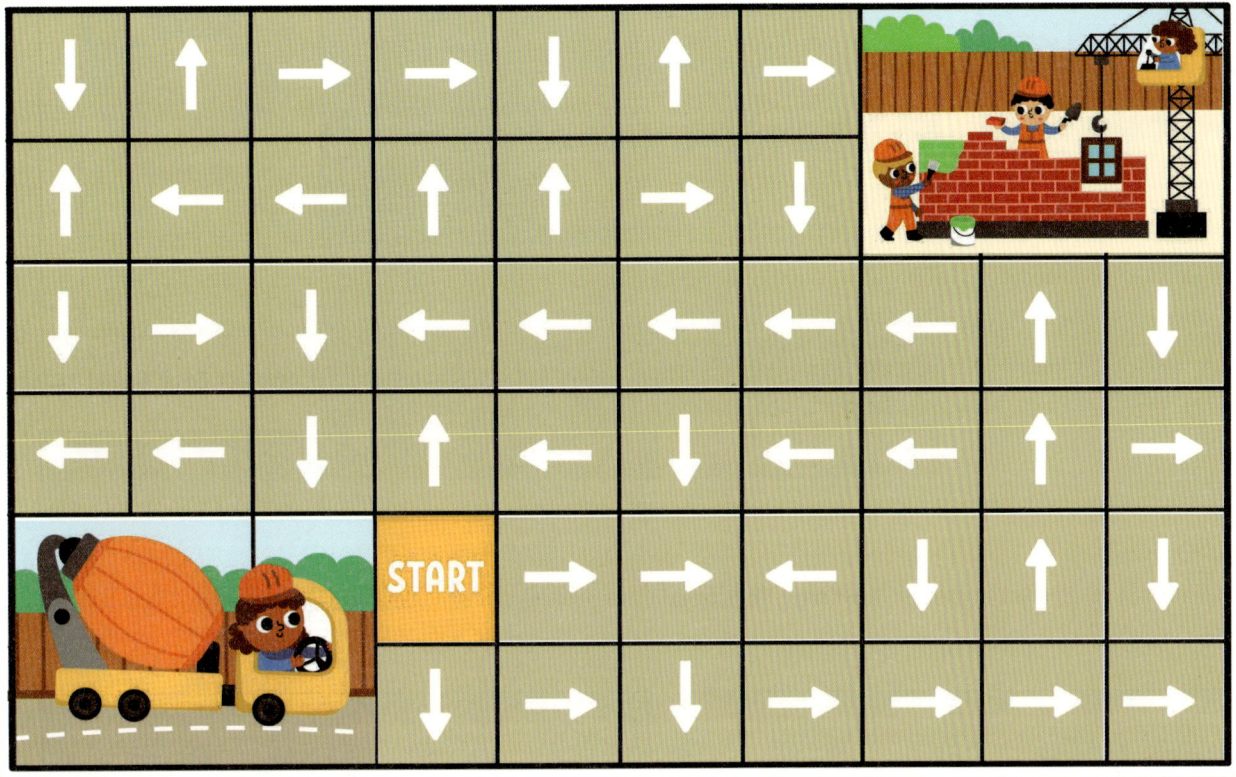

■ 공사장까지 가기 위해서 사용된 화살표의 개수를 세어보고 [?]에 들어갈 숫자를 적어주세요.

  7   5   4   ?

01 스피드하게 미로 탈출하기 1

❶ '용용 대원'을 따라서 [Maze] 메뉴를 클릭합니다.

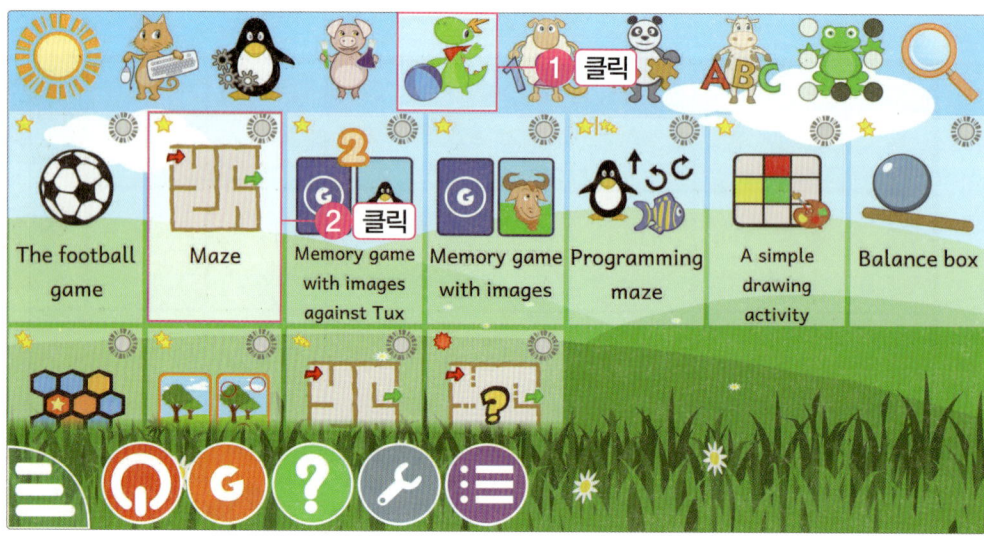

❷ 앗! 이런 '용용 대원'과 함께 따라오던 '포포 대원'이 미로에 갇히고 말았어요. [키보드 방향키]를 사용해서 문으로 탈출 할 수 있도록 길을 안내해주세요.

※ 미로의 모양은 실행할 때마다 변경됩니다.

❸ '포포 대원'이 움직이는 속도를 설정할 수 있어요! 스피드 신발을 신겨서 빠르게 미로를 탈출해 보세요.

▲ 기본 속도　　▲ 스피드 속도

02 스피드하게 미로 탈출하기 2

❶ '용용 대원'을 따라서 [Relative maze] 메뉴를 클릭합니다.

❷ '포포 대원'이 문을 통해 탈출할 수 있도록 '회전 방향'도 함께 고민해 보고 [키보드 방향키]를 이용해서 탈출할 수 있도록 길을 안내해 주세요.

※ 미로의 모양은 실행할 때마다 변경됩니다.

키보드 위쪽 방향키	키보드 아래쪽 방향키	키보드 오른쪽 방향키	키보드 왼쪽 방향키
앞으로 이동	반대 방향으로 회전	시계 방향으로 회전	시계 반대 방향으로 회전

❸ '포포 대원'이 움직이는 속도를 설정할 수 있어요! 스피드 신발을 신겨서 빠르게 미로를 탈출해 보세요.

▲ 기본 속도　　▲ 스피드 속도

03 미로를 직접 설계하기

❶ '용용 대원'을 따라서 [Programming maze] 메뉴를 클릭합니다.

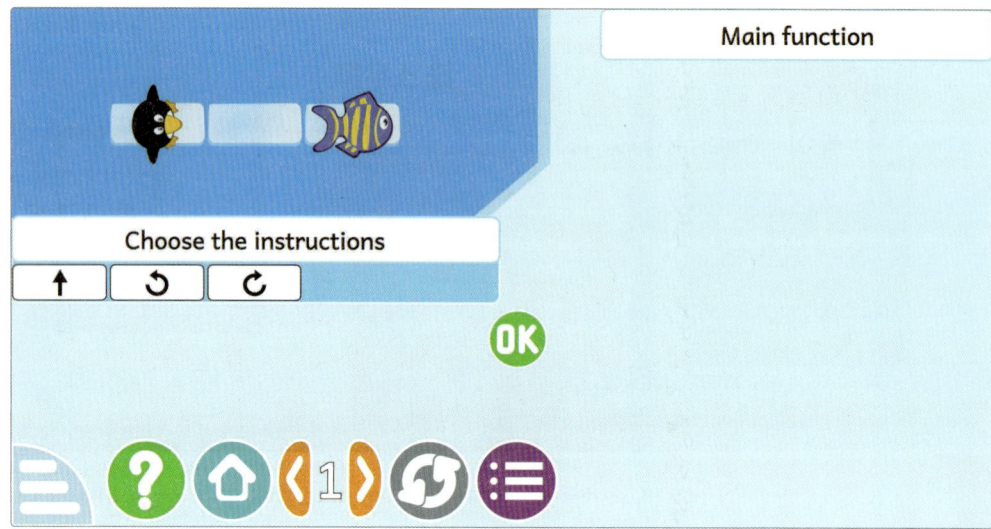

❷ '포포 대원'이 물고기를 잡을 수 있도록 [↑ ↺ ↻] 단추를 클릭해서 물고기까지 가는 길을 설치하고 [OK] 단추를 클릭해주세요.

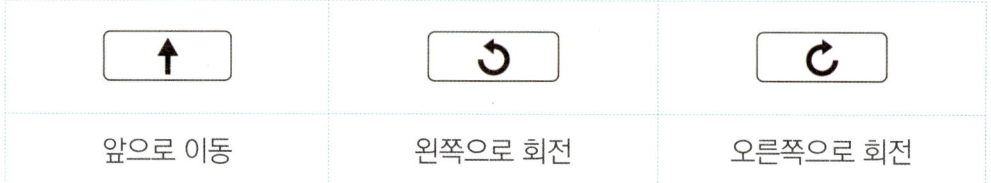

↑	↺	↻
앞으로 이동	왼쪽으로 회전	오른쪽으로 회전

❸ 길을 잘못 설치했을 때는 <Main function> 부분에서 잘못 설치한 블록을 마우스로 선택해서 드래그하여 원하는 위치에 놓거나 밖으로 드래그해서 제거할 수 있습니다.

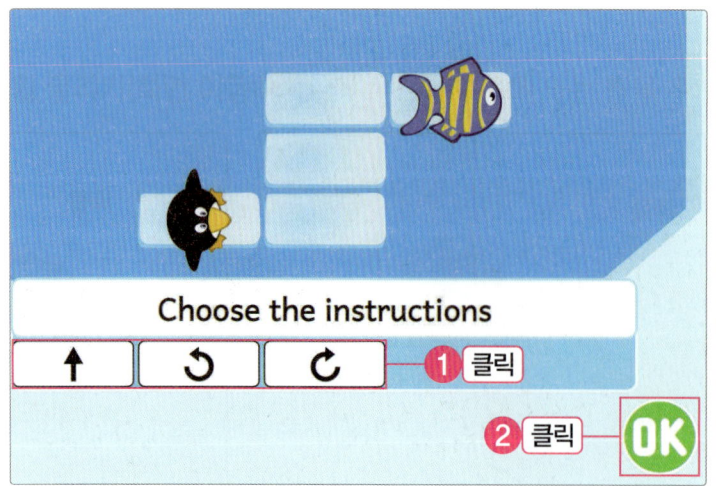
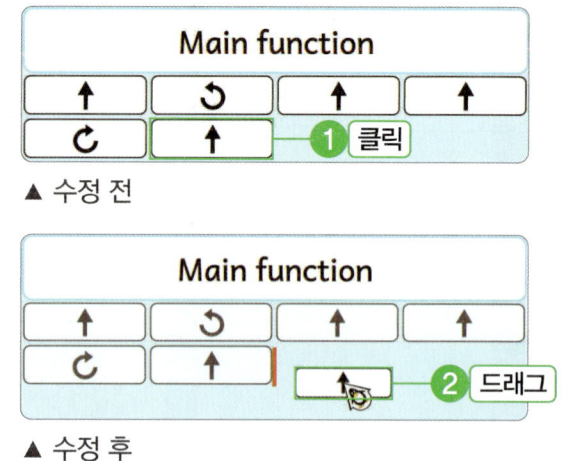

▲ 수정 전

▲ 수정 후

CHAPTER 07 미션 수행하기

미션 1 '용용 대원'을 따라서 [Invisible maze] 메뉴를 클릭합니다

- 이번에 '포포 대원'이 탈출해야 할 미로는 투명 미로에요.

① 출발지점 ② 도착지점 ③ 스피드 신발 ④ 경로 안내

- 오른쪽 위에 있는 [경로 안내(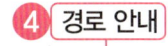)] 단추를 누르면 힌트를 볼 수 있습니다. 힌트 확인 후 다시 [경로 안내] 단추를 눌러서 미로를 탈출해 주세요.

클릭

- 1단계를 30초 안에 탈출 가능한가요?

- 힌트는 최대 몇 번까지 사용했나요?

- 몇 단계까지 탈출에 성공했나요?

Chapter 07 용용 대원과 함께 미로 탈출하기 • **049**

01 컴퓨터의 장치를 우리의 몸으로 비유했을 때 비슷한 역할끼리 연결해 봅니다.

02 키보드에서 한 글자씩 입력해보고 글자가 모여서 어떤 단어가 만들어지는지 적어봅니다.

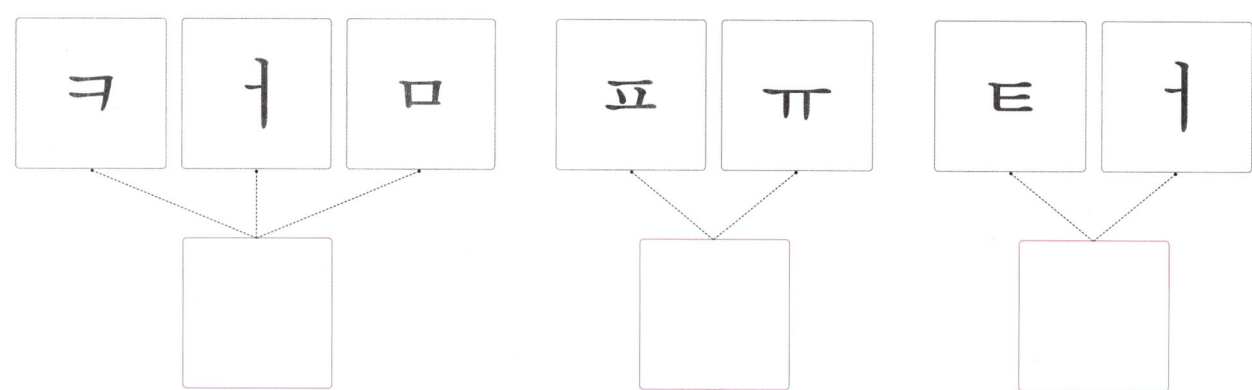

03 다음 중 마우스 사용 방법을 읽고 'O' 또는 'X'로 표시해 주세요.

1. **클릭하기** : 마우스 오른쪽 단추를 1번 딸깍 소리 나도록 눌러요. (O, X)
2. **드래그하기** : 마우스 왼쪽 단추를 꾹 누르면서 마우스를 움직여요. (O, X)
3. **더블 클릭하기** : 마우스 왼쪽 단추를 2번 딸깍, 딸깍 소리 나도록 빠르게 눌러요. (O, X)

04 왼쪽 그림과 똑같은 택시 모양을 구성하는 조각을 찾아서 표시해 주세요.

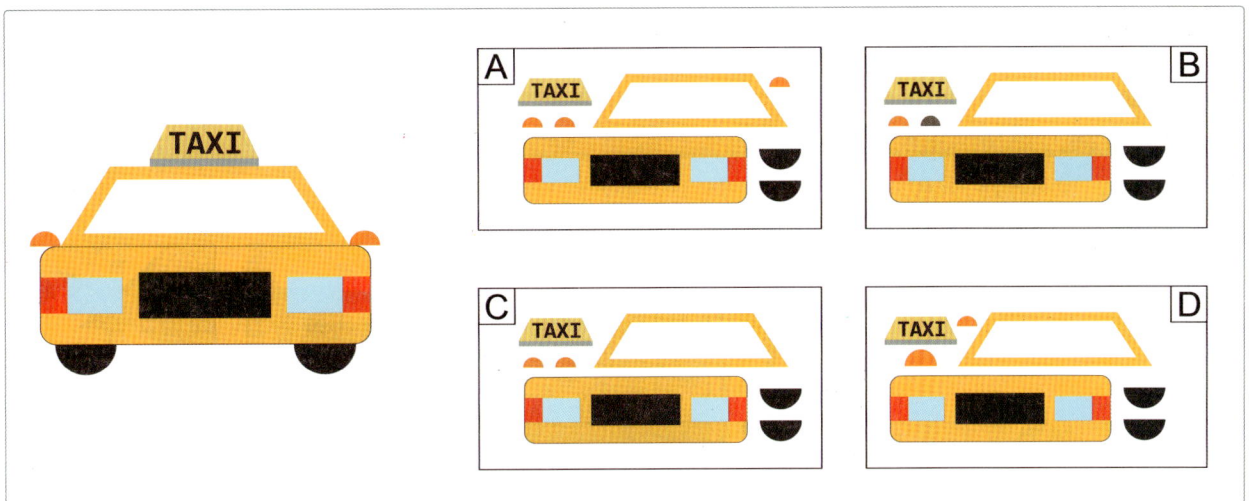

05 반짝 반짝 밤하늘을 배경으로 수상한 그림이 있어요. 숫자 순서대로 그림을 그리면 어떤 모양이 완성될까요?

힌트는 매년 12월 25일에 필요한 소품이에요.

정답은?

06 <보기>의 도형을 보고 규칙을 찾아 [?]에 들어갈 도형을 찾아주세요.

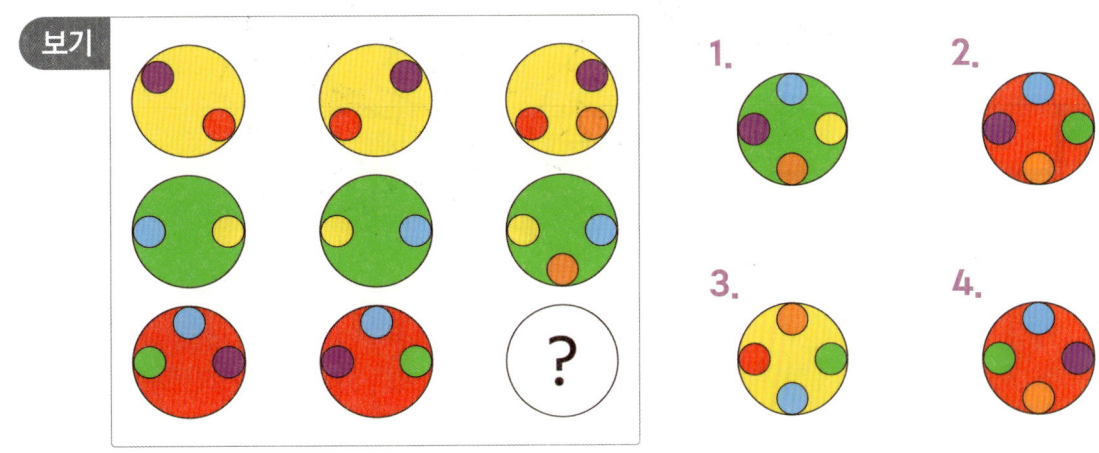

CHAPTER 09 핑키 대원과 함께하는 색칠 놀이

학습 목표

- 물감의 삼원색(CMYK)과 빛의 삼원색(RGB)의 차이점에 대해 이해해봅니다.
- 관찰력과 색감 인지를 배워봅니다.
- GCompris 프로그램을 활용하여 창의적 사고와 문제 해결 능력에 대한 흥미를 높입니다.

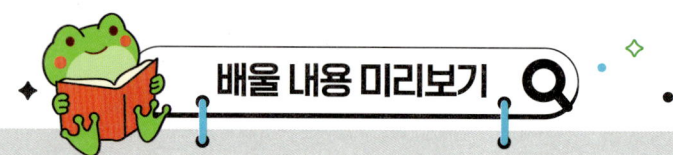

배울 내용 미리보기

핑키 대원이 여름 휴가를 떠났어요. 모처럼 휴가를 즐기는 핑키 대원을 색칠해서 꾸며주세요. ▷▷

문제 해결을 위한 생각 기르기

■ 물감 색상(CMYK)과 빛의 색상(RGB)의 차이

종이에 그림을 그리거나 색칠할 때 사용하는 색 : CMYK (프린터 색상)

| Cyan (연한 하늘색) | Magenta (연한 빨간색) | Yellow (노란색) | Black (검정색) |

<색상 조합>

🔵 + 🔴 = 🟦 (Blue)

🔴 + 🟡 = 🟥 (Red)

🟡 + 🔵 = 🟢 (Green)

컴퓨터, 태블릿, TV 같은 화면에서 보는 색 : RGB (모니터 색상)

| Red (빨간색) | Green (초록색) | Blue (파란색) |

<색상 조합>

🟥 + 🟢 = 🟡 (Yellow)

🟢 + 🟦 = 🔵 (Cyan)

🟦 + 🟥 = 🔴 (Magenta)

01 핑키 대원과 함께하는 물감 놀이

① '핑키 대원'을 따라서 [Experiment]-[Mixing paint colors] 메뉴를 클릭합니다.

② '연한 빨간색(Magenta)', '노란색(Yellow)', '연한 하늘색(Cyan)'은 '프린터'에서 사용되는 물감 색상이에요. 물감은 색상이 섞일수록 어두워지는 특징이 있어요.

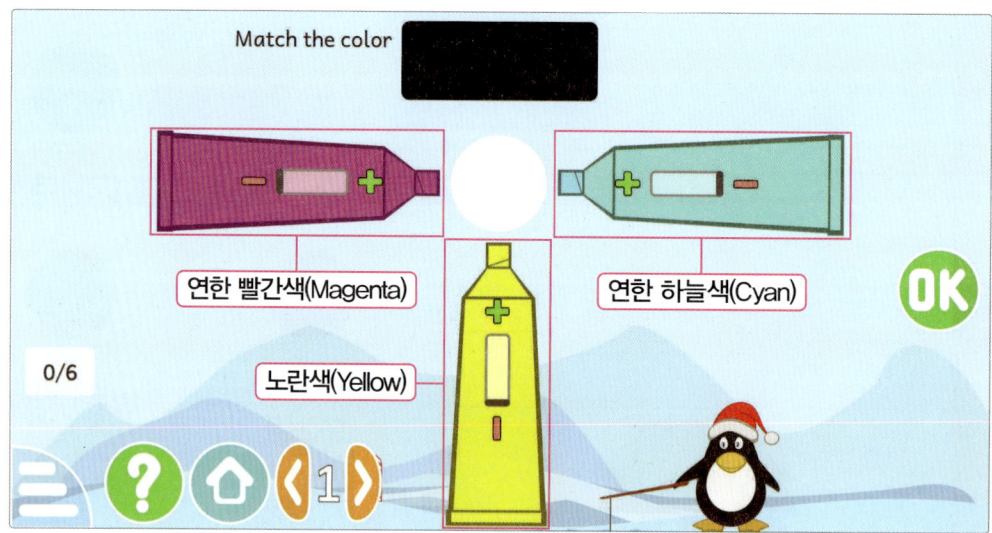

③ 'Match the color'에 있는 색상을 똑같이 만들기 위해 물감에 있는 '+' 버튼과 '-' 버튼을 눌러서 물감을 섞은 후 [OK] 단추를 클릭합니다.

※ 'Match the color'의 색상은 실행할 때마다 변경됩니다.
※ 힌트 : 물감은 색상이 많이 섞일수록 '검정색'이 됩니다.

 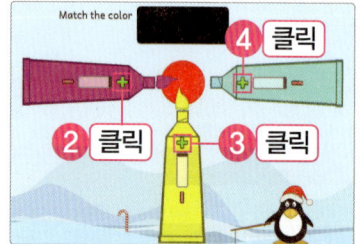 

02 핑키 대원과 함께하는 조명 놀이

❶ '핑키 대원'을 따라서 [Experiment]-[Mixing light colors] 메뉴를 클릭합니다.

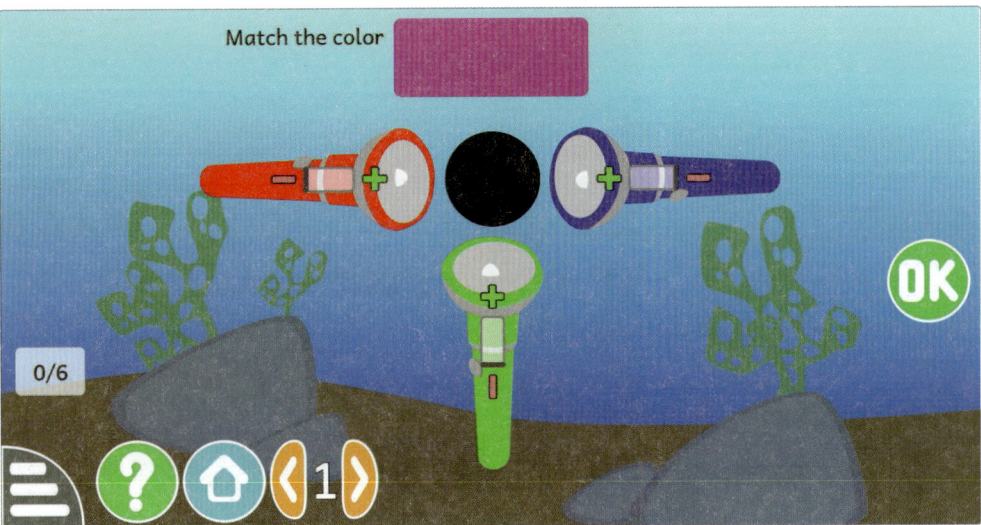

❷ 우리가 사용하는 '핸드폰'이나 '모니터'는 '빨간색(Red)', '초록색(Green)', '파란색(Blue)' 3개의 빛으로 구성되어 있어요. 조명은 여러 개의 빛이 모일수록 하얗게 밝아지는 특징이 있어요.

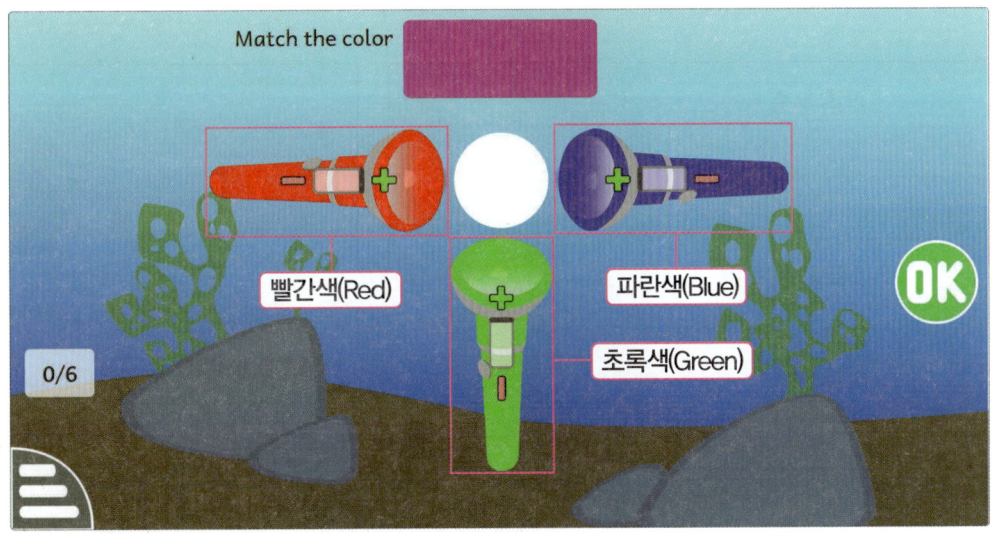

❸ 'Match the color'에 있는 색상을 똑같이 만들기 위해 손전등에 있는 '+' 버튼과 '-' 버튼을 눌러서 조명을 켜준 다음 [OK] 단추를 클릭합니다.

※ 'Match the color'의 색상은 실행할 때마다 변경됩니다.
※ 힌트 : '연한 빨간색'을 만들기 위해서는 '빨간색'과 '파란색' 빛이 섞여야 합니다.

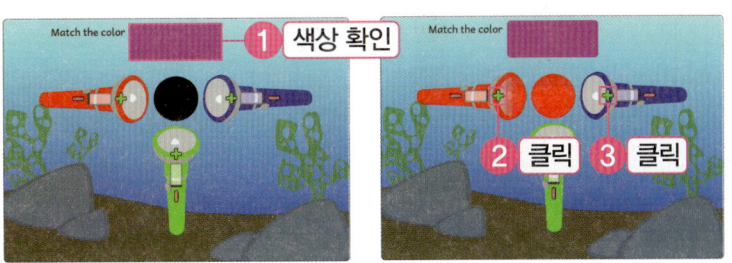

03 나라별 세계지도 색칠하기

❶ '핑키 대원'을 따라서 [Geography]-[Locate the countries] 메뉴를 클릭합니다.

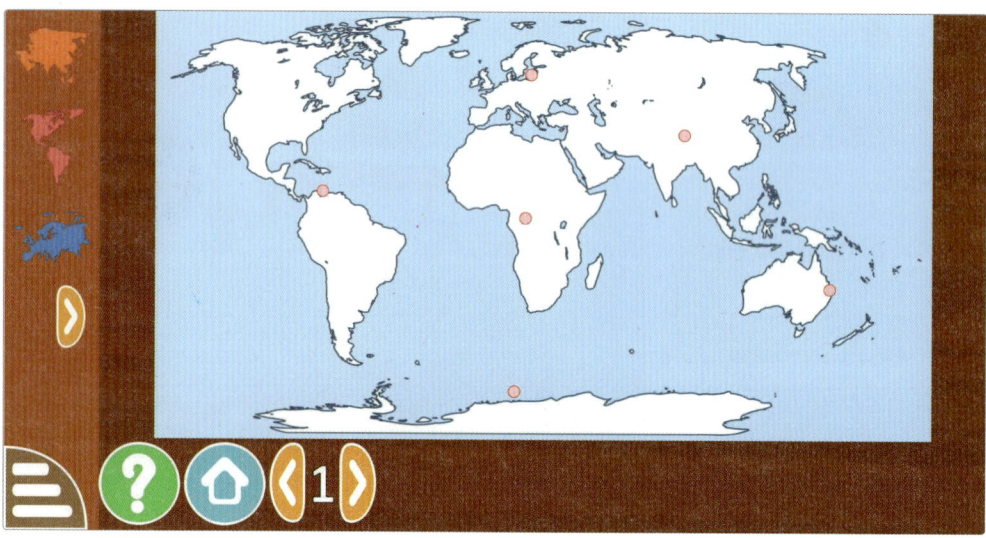

❷ 세계지도에 색깔이 없어서 구분하기가 힘들어요. 왼쪽 영역에서 '나라'를 클릭한 후 '세계지도'에 드래그하여 세계지도를 꾸며주세요.

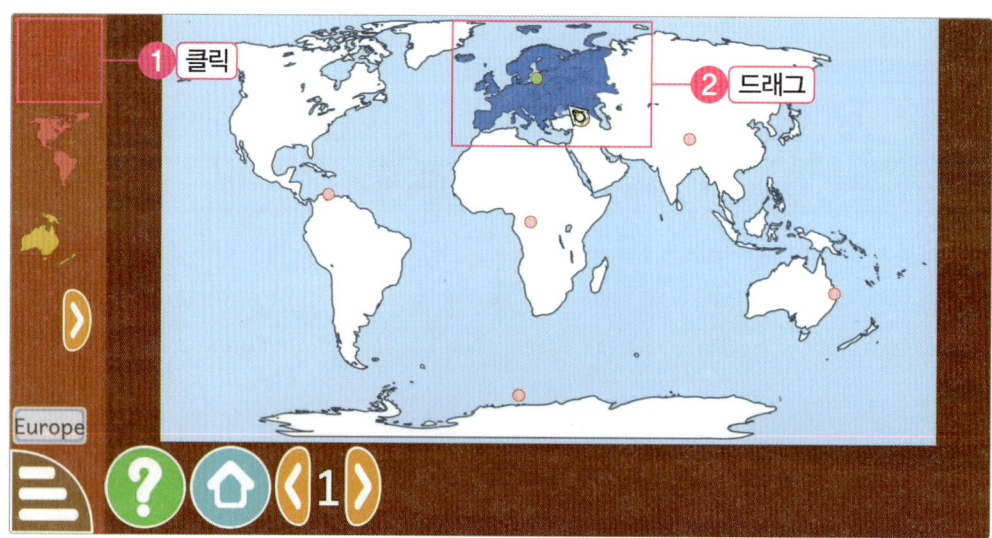

❸ 알록달록하게 색칠되었다면 왼쪽 위에 있는 [OK] 단추를 클릭하여 다음 단계로 이동합니다.

CHAPTER 09

미션 수행하기

미션 1 프린터에서 사용하는 색상은 다음과 같이 '연한 빨간색(Magenta)', '노란색(Yellow)', '연한 하늘색(Cyan)'으로 구성되어 있습니다. <보기>와 같이 물감의 색상이 섞였을 때 무슨 색이 나올까요?

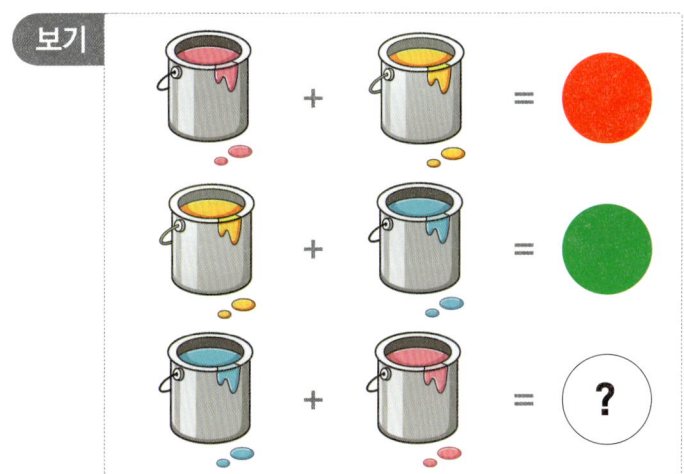

미션 2 모니터에서 사용하는 색상은 다음과 같이 '빨간색(Red)', '초록색(Green)', '파란색(Blue)'으로 구성되어 있습니다. <보기>와 같이 빛의 색상이 섞였을 때 무슨 색이 나올까요?

포포 대원과 함께하는 음악 놀이

학습 목표

- 음의 높낮이와 길이를 이해하고, 간단한 멜로디를 연주해봅니다.
- 청각적 기억력과 논리적 사고 능력을 배워봅니다.
- GCompris 프로그램을 활용하여 창의적 사고와 문제 해결 능력에 대한 흥미를 높입니다.

띵동 띵동~ 어디선가 아름다운 멜로디 소리가 들리고 있어요. 어디서 나는 소리일까요? ▷▷

<힌트>

힌트 1 : 검은 건반과 흰색 건반
힌트 2 : 높은 소리와 낮은 소리
힌트 3 : 두 개와 세 개의 검은 건반
힌트 4 : 손가락 번호
힌트 5 : 음계(도, 레, 미, 파, 솔, 라, 시, 도)

문제 해결을 위한 생각 기르기

■ 띵동 띵동 ♪ 소리나는 피아노 연주를 해봅니다.

1 '포포 대원'을 따라서 [Music]-[Play piano] 메뉴를 클릭합니다.

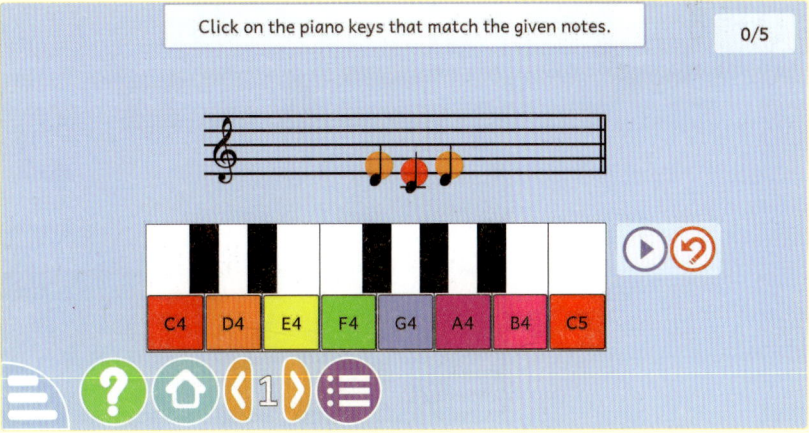

2 악보에 있는 음계 순서대로 소리로 먼저 듣고 피아노 건반을 눌러봅니다.

※ 악보에 있는 음계는 실행할 때마다 변경됩니다.

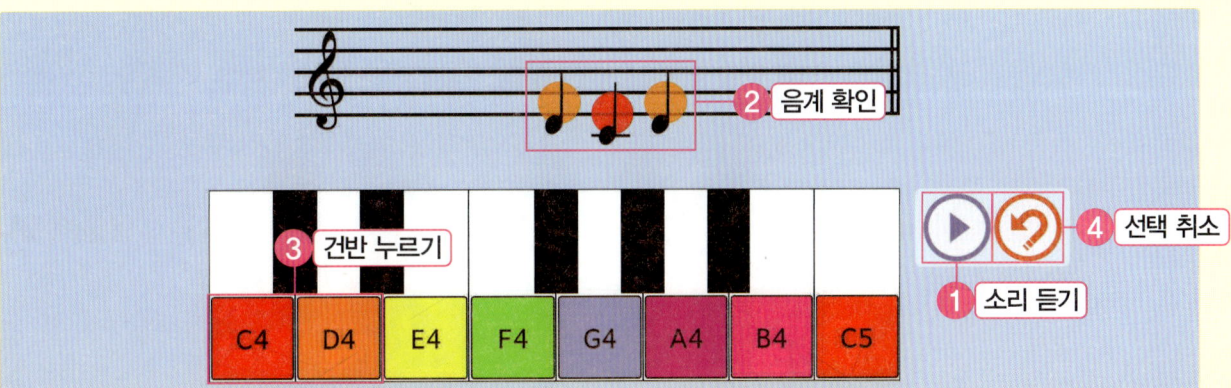

3 다음 음계 악보를 보고 '계이름'을 확인해 보세요.

Chapter 10 포포 대원과 함께하는 음악 놀이 • 059

01 같은 소리가 나는 카드 찾기

❶ '포포 대원'을 따라서 [Music]-[Audio memory game aginst Tux] 메뉴를 클릭합니다.

❷ 카드를 뒤집었을 때 같은 소리가 나는 카드를 '포포 대원'보다 빨리 찾아야 합니다.

❸ 같은 소리가 나는 카드를 뒤집으면 1번 더 카드를 고를 수 있습니다. '포포 대원'과 대결했을 때 '3'번 이기면 다음 단계로 이동합니다.

※ 카드를 뒤집을 때 나는 소리는 실행할 때마다 변경됩니다.

060 • 키보드와 마우스로 시작하는 똑똑한 컴퓨터 놀이

02 소리나는 멜로디의 순서 찾기

❶ '포포 대원'을 따라서 [Music]-[Melody] 메뉴를 클릭합니다.

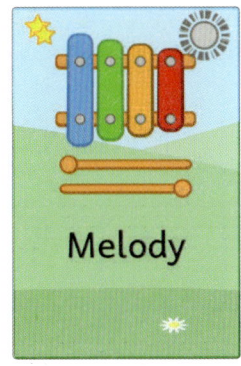

❷ '탁탁탁' 소리가 들린 다음 연주가 시작됩니다. 소리 나는 곳을 주의 깊게 보고 같은 순서로 멜로디를 찾습니다. '힌트'가 필요하면 [👄] 단추를 클릭합니다.

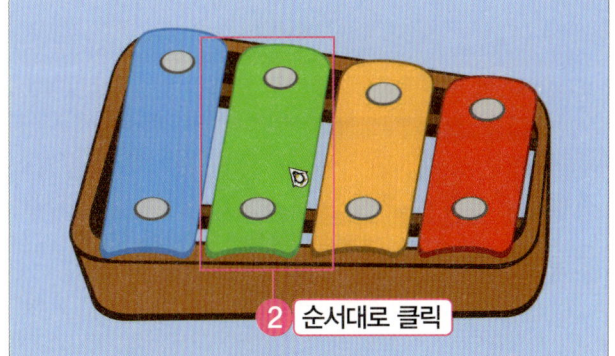

❸ 멜로디 순서를 맞추지 못하면 '탁탁탁' 소리가 들린 후 멜로디가 다시 재생됩니다. 만일 '5'개 모두 맞추면 다음 단계로 이동합니다.

※ 멜로디의 순서는 실행할 때마다 변경됩니다.

▲ 틀린 경우   ▲ 맞춘 경우

03 나만의 악보 만들기

❶ '포포 대원'을 따라 [Music]-[Piano composition] 메뉴를 클릭합니다.

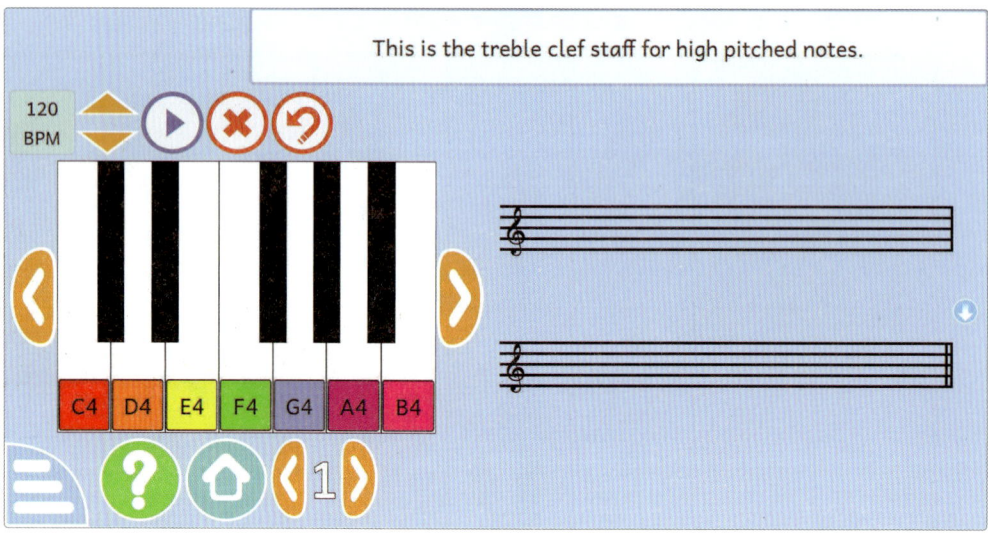

❷ 건반을 눌러서 멜로디를 확인하고 나만의 악보를 만들어주세요.

[속도 조절 / 멜로디 재생 / 전체 삭제 / 한 단계 취소]

❸ 나만의 악보가 완성되었으면 [재생] 단추를 클릭해서 전체적인 멜로디를 들어보세요.

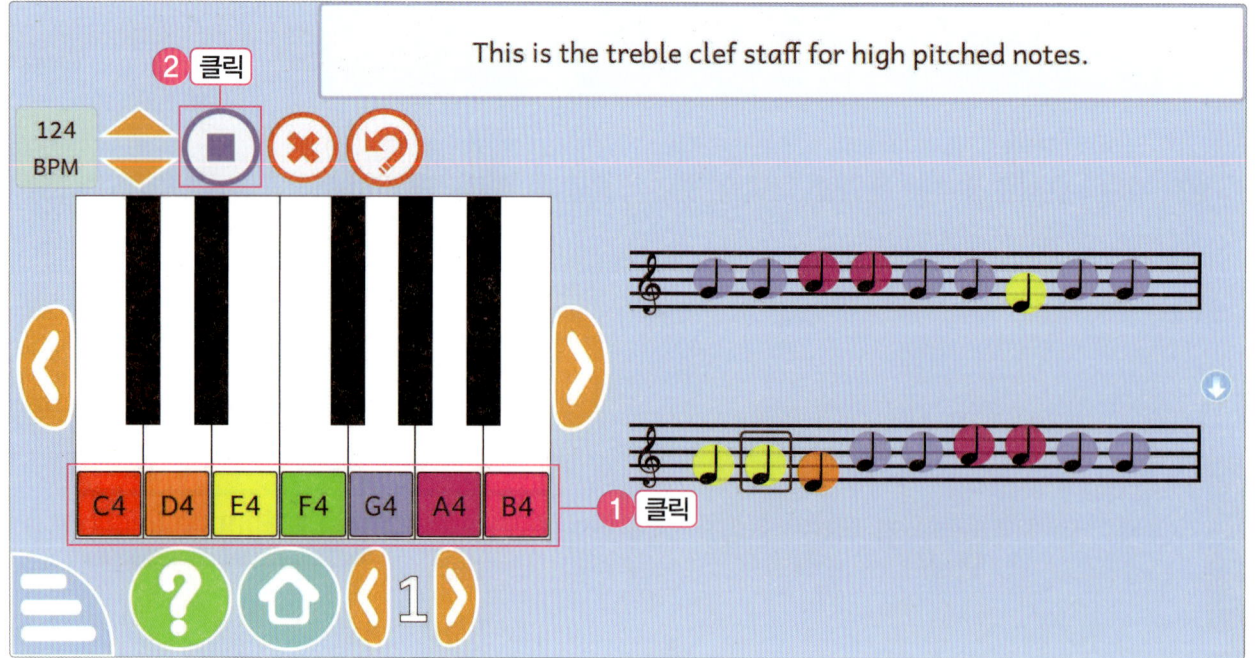

CHAPTER 10

미션 수행하기

미션 1 별처럼 반짝이는 음계를 찾아봐요!

- '포포 대원'을 따라 [Music]-[Piano composition] 메뉴를 클릭합니다.

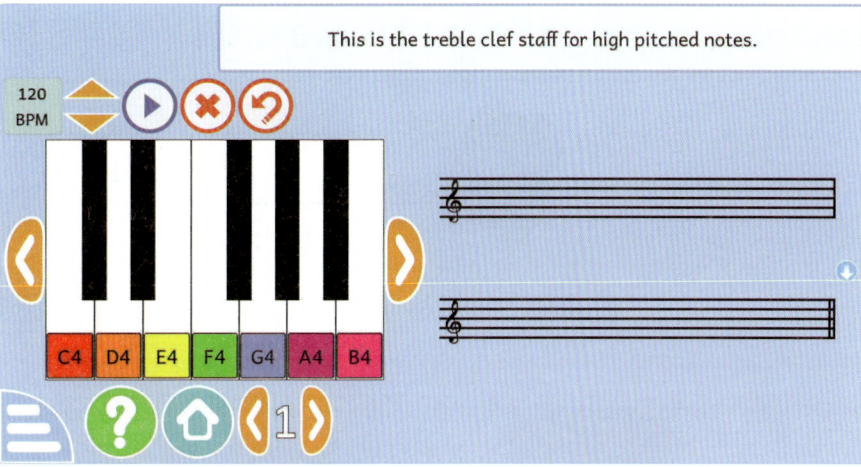

- 아래 악보와 같이 똑같이 건반을 누르고 멜로디를 확인해 보세요.

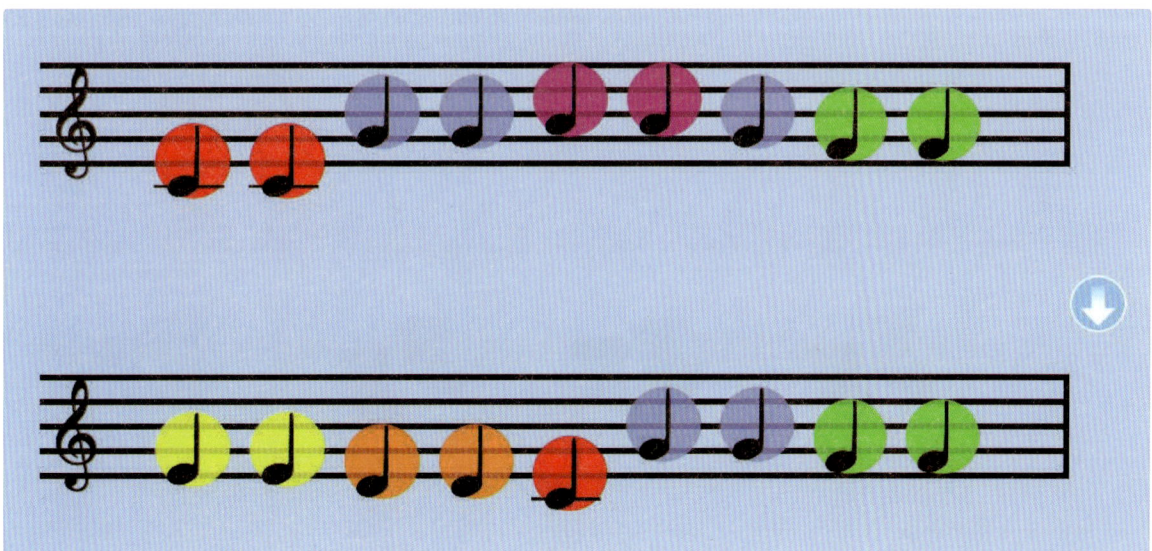

- 악보를 완성했나요?

- 멜로디를 들어봤나요?

- 어떤 노래의 멜로디일까요?

- 힌트는 흔히 알고 있는 동요입니다.

Chapter 10 포포 대원과 함께하는 음악 놀이 • 063

CHAPTER 11 밀키 대원과 함께 물건 정리하기

학습 목표

- 퍼즐 속에서 패턴과 규칙을 찾아봅니다.
- 관찰력과 공간지각 능력을 배워봅니다.
- GCompris 프로그램을 활용하여 창의적 사고와 문제 해결 능력에 대한 흥미를 높입니다.

배울 내용 미리보기

물감 통 안에 있는 색깔을 확인하고 색깔의 이름을 적어주세요. ▷▷

양말은 똑같은 색깔의 옷장에만 넣을 수 있습니다. 양말의 색깔을 확인하고 옷장과 연결해 주세요. ▷▷

문제 해결을 위한 생각 기르기

■ 나의 모습을 찾아주세요!

1 병아리의 모습을 보고 똑같은 모습의 그림자를 찾아주세요.

2 동물의 무늬와 색깔을 보고 알맞은 조각을 찾아주세요.

01 같은 종류의 그림 연결하기

❶ '밀키 대원'을 따라서 [Vocabulary]-[Matching items] 메뉴를 클릭합니다.

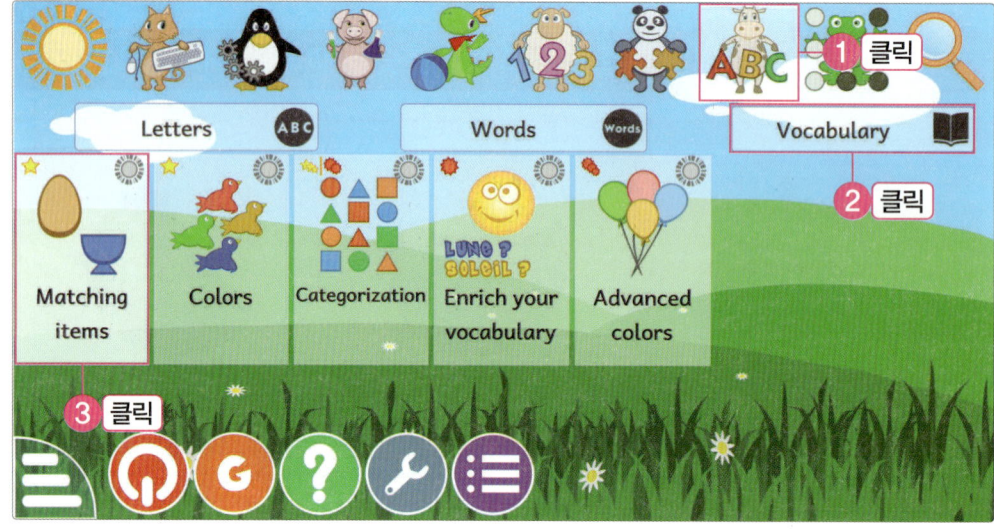

❷ 화면 가운데에 보이는 물건과 관련 있는 물건을 왼쪽 목록에서 찾아 연결해야 합니다.

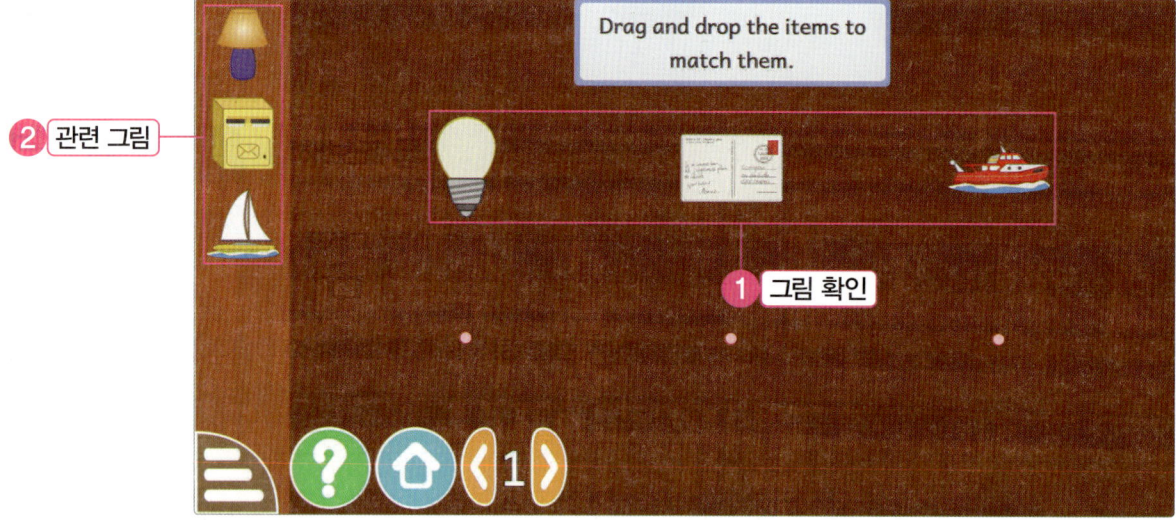

❸ 왼쪽 목록에 있는 물건을 클릭하고 관련된 물건에 드래그하여 연결합니다. 연결이 완료되었으면 화면 왼쪽 위에 있는 [OK] 단추를 클릭해서 다음 단계로 이동합니다.

02 색깔별 물건 정리하기

① '밀키 대원'을 따라서 [Vocabulary]-[Categorization]-[Colors] 메뉴를 클릭합니다.

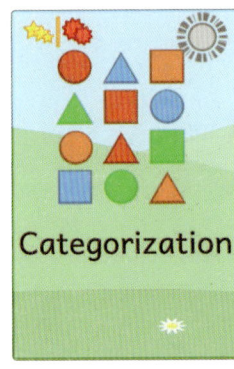

② 여러 색깔의 물건이 섞여 있어요. 오른쪽에 있는 페인트 통의 색깔을 확인하고 '초록색' 물건들은 오른쪽 영역으로 마우스 클릭과 드래그를 이용해서 옮겨주세요.

※ 페인트 통의 색깔은 실행할 때마다 변경됩니다.

③ '초록색'과 관련이 없는 물건들은 모두 왼쪽 영역으로 옮겨주세요. 모든 물건들이 정리되었다면 [OK] 단추를 클릭해서 다음 단계로 이동합니다.

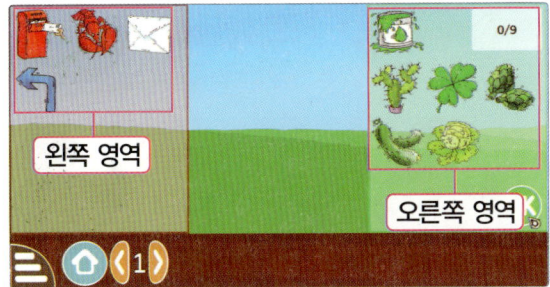

03 알록달록 오리 찾기

❶ '밀키 대원'을 따라서 [Vocabulary]-[Colors] 메뉴를 클릭합니다.

❷ 잔잔한 호수 위에 오리 5마리가 헤엄을 치고 있어요. '밀키 대원'은 색깔로 오리를 찾으려고 해요. '밀키 대원'이 말해주는 색깔을 보고 같은 색깔의 오리를 클릭해 주세요.

※ '밀키 대원'이 말하는 오리의 색깔은 실행할 때마다 변경됩니다.

❸ 오리의 색깔은 총 6종류입니다. 아래의 색상표를 참고하여 오리를 찾아주세요.

CHAPTER 11

미션 수행하기

 '밀키 대원'과 함께 영어 단어 공부 중이에요. 영어 단어 위에 글씨를 따라 쓰고 똑같은 색상의 단어와 연결해주세요.

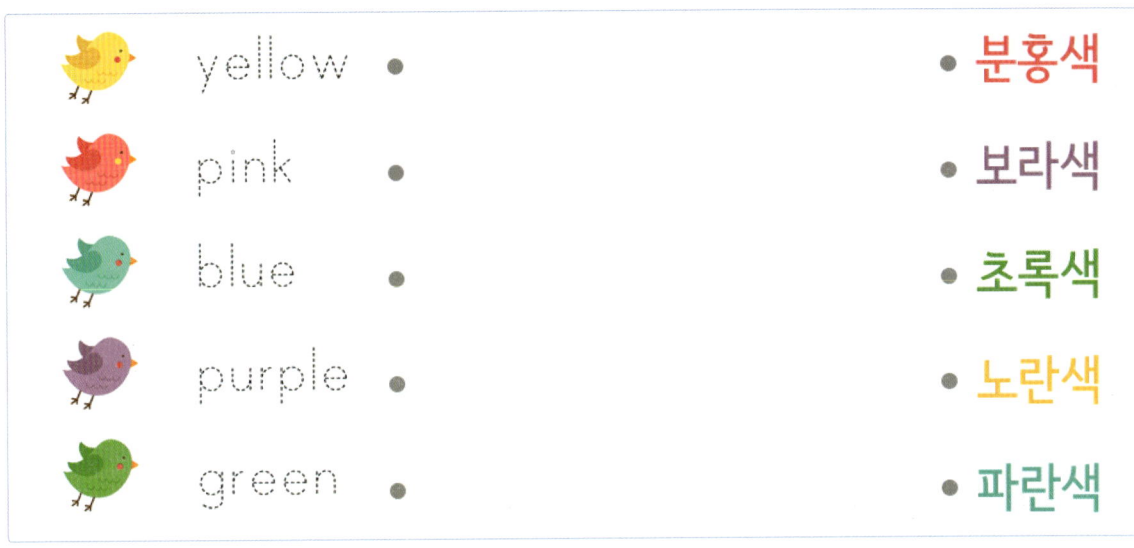

미션 2 알록달록한 계란이 있네요! 오른쪽 그림을 보고 같은 그림이 몇 개 있는지 확인 후 왼쪽에 숫자로 적어주세요.

Chapter 11 밀키 대원과 함께 물건 정리하기

CHAPTER 12
하양 대원과 함께하는 숫자 놀이

 학습 목표

- 숫자의 순서를 알고, 순차적으로 나열해봅니다.
- 일상 생활 속에서 덧셈과 뺄셈을 사용하는 상황을 이해합니다.
- GCompris 프로그램을 활용하여 논리적 사고와 문제 해결 능력에 대한 흥미를 높입니다.

 배울 내용 미리보기

'하양 대원'과 함께 과일 개수 맞추기 놀이를 하고 있어요.
과일 카드에 있는 과일이 몇 개인지 세어봅니다.

| 2 | 3 | 10 | 4 |

문제 해결을 위한 생각 기르기

■ 손가락으로 숫자 세어보기

1 '손 모양'의 그림을 보고 하나씩 따라서 손가락으로 숫자를 세어봅니다.

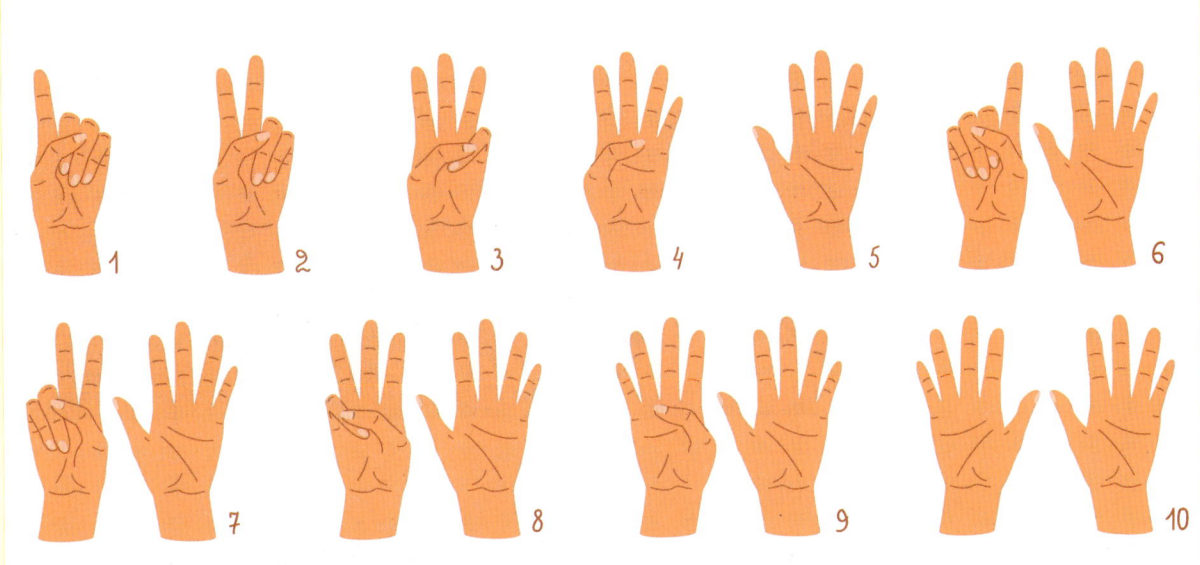

2 다음 그림을 보고 숫자를 계산해 보세요.

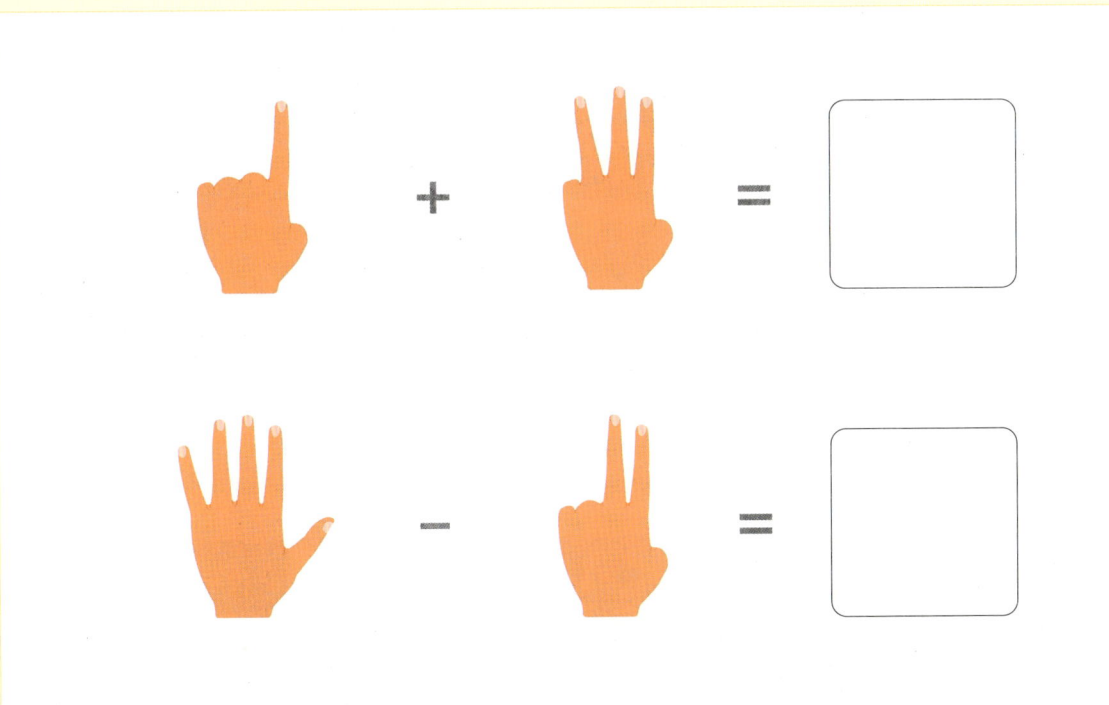

01 마법 모자 속의 숫자 마술(덧셈)

❶ '하양 대원'을 따라서 [Arithmetic]-[The magician hat] 메뉴를 클릭합니다.

❷ '노란 별'의 개수를 확인하고. '마법의 모자'를 클릭합니다.

▲ 마법의 모자

❸ 모자 안에 들어간 '노란 별'의 개수만큼 '회색 별'을 마우스로 클릭하고 [OK] 단추를 클릭합니다.
※ '노란 별' 개수는 실행할 때마다 변경됩니다.

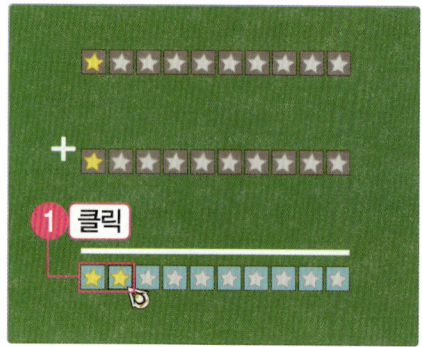  

▲ 틀렸을 경우   ▲ 맞췄을 경우

02 마법 모자 속의 숫자 마술(뺄셈)

❶ '하양 대원'을 따라서 [Arithmetic]-[The magician hat] 메뉴를 클릭합니다.

❷ 이번엔 '노란 별'이 한 줄만 설정되어 있네요? 먼저 '마법의 모자'를 클릭합니다.

▲ 마법의 모자

❸ 엇! 모자에서 여러 개의 '노란 별'이 나왔어요! 이번엔 '노란 별'의 개수를 확인하고 뺄셈합니다. 뺄셈하고 남은 '노란 별'의 개수만큼 '회색 별'을 마우스로 클릭하고 [OK] 단추를 클릭합니다.

※ '노란 별' 개수와 '마법의 모자'가 주는 별의 개수는 실행할 때마다 변경됩니다.

▲ 틀렸을 경우　　　　　　▲ 맞췄을 경우

Chapter 12 하양 대원과 함께하는 숫자 놀이 • 073

| 03 | **나는야 백발백중 사격왕** |

① '하양 대원'을 따라서 [Arithmetic]-[Practice addition with a target game] 메뉴를 클릭합니다.

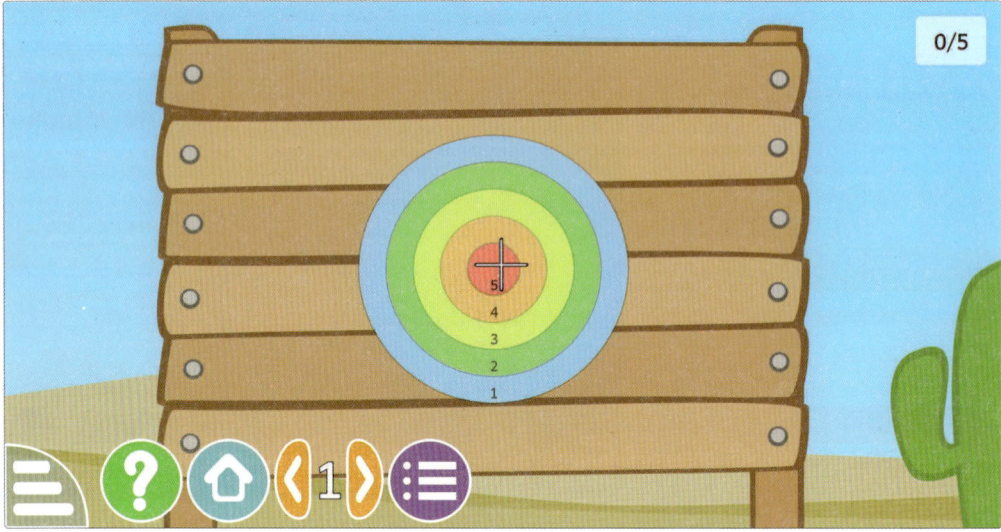

② 사격 대회가 열렸어요! 바람이 세게 불고 있어서 더욱 집중해서 과녁을 맞혀주세요.

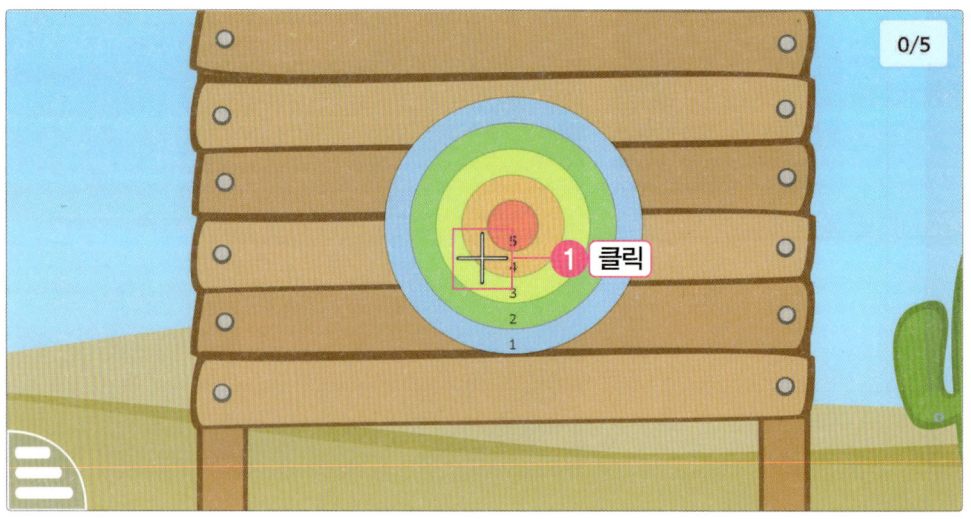

③ 총 3번의 과녁을 맞히고 점수를 계산해 봅니다. 키보드의 숫자키를 눌러 총점수를 입력하고 계산이 완료되면 [OK] 단추를 클릭합니다.

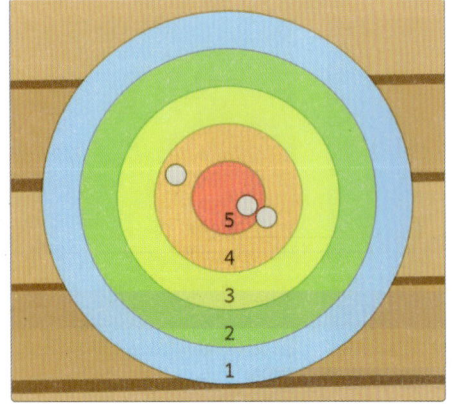

CHAPTER 12

미션 수행하기

 이현이는 학교가 끝나고 문구점 앞에서 지훈이와 뽑기를 했어요. 두 친구가 뽑은 점수를 비교했을 때 누가 더 점수가 높을까요?

| 1 | 3 | -2 | 5 |

이현

지훈

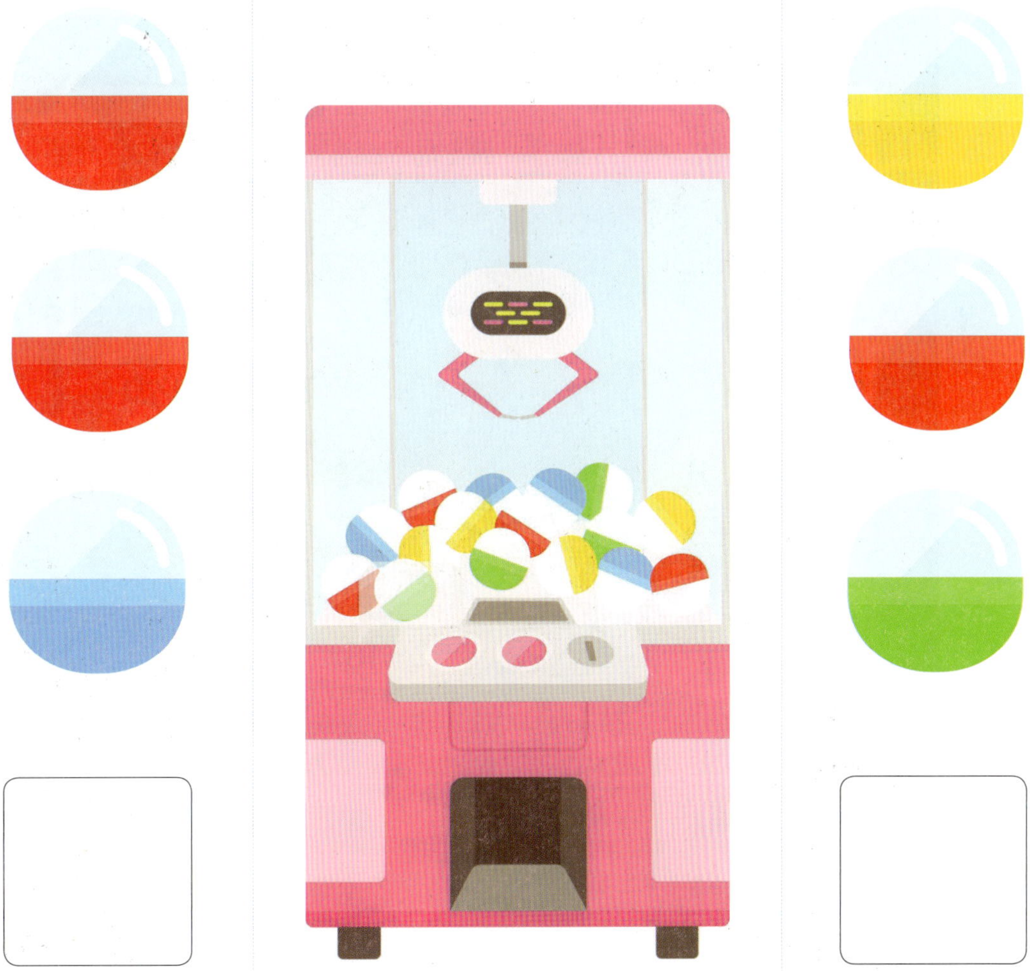

▲ 이현 점수　　　　　　　　　　　　　▲ 지훈 점수

CHAPTER 13 하양 대원과 함께하는 주사위 놀이

학습 목표

- 주사위의 기본적인 개념과 사용 방법을 배워봅니다.
- 수학적 사고와 창의적 능력을 높입니다.
- GCompris 프로그램을 활용하여 창의적 사고와 문제 해결 능력에 대한 흥미를 높입니다.

배울 내용 미리보기

'하양 대원'과 함께 우주를 탐험 중이에요.
주사위를 굴려서 주사위 수만큼 이동한 다음 'Finish(도착)' 지점까지 도달해 보세요.

문제 해결을 위한 생각 기르기

■ 산에 불이 났어요! 어서 헬기를 이용해서 불을 끄러 가야 해요.
①번부터 ④번 길 중에 어디로 가야 할까요?

■ '강아지'와 '고양이'가 키를 재고 있어요! 몇 cm인지 확인하고 적어주세요.

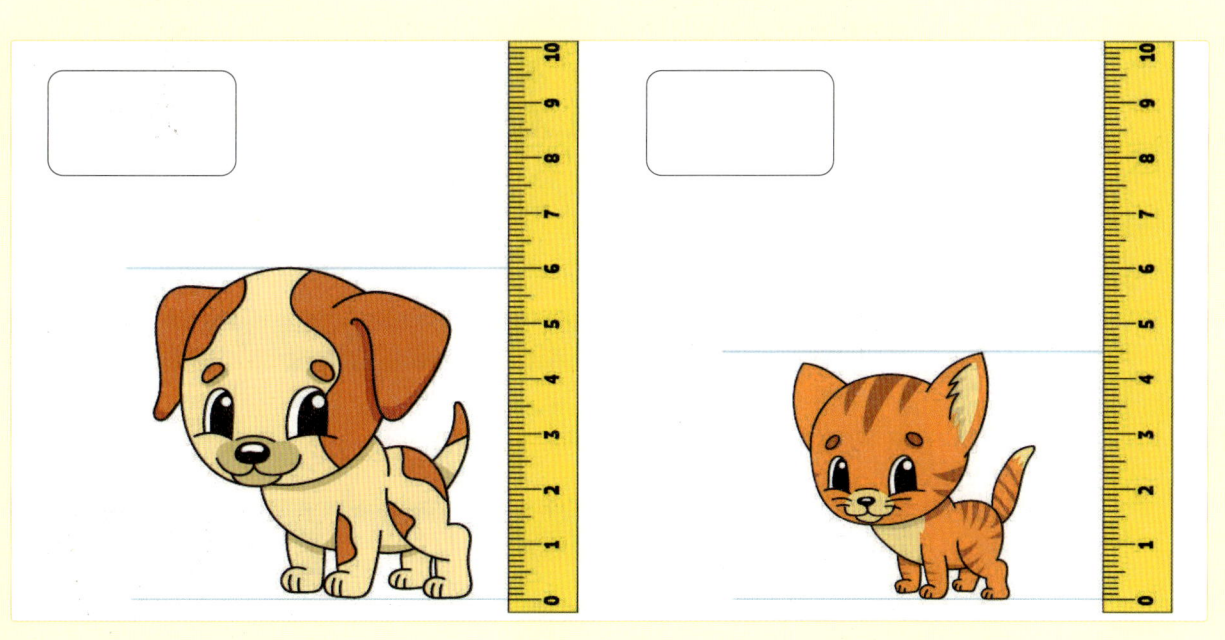

01 길이 재고 숫자 입력하기

❶ '하양 대원'을 따라서 [Numeration]-[Read a graduated line] 메뉴를 클릭합니다.

❷ '1'부터 '5' 사이의 눈금을 보고 알맞은 숫자를 입력해 주세요.

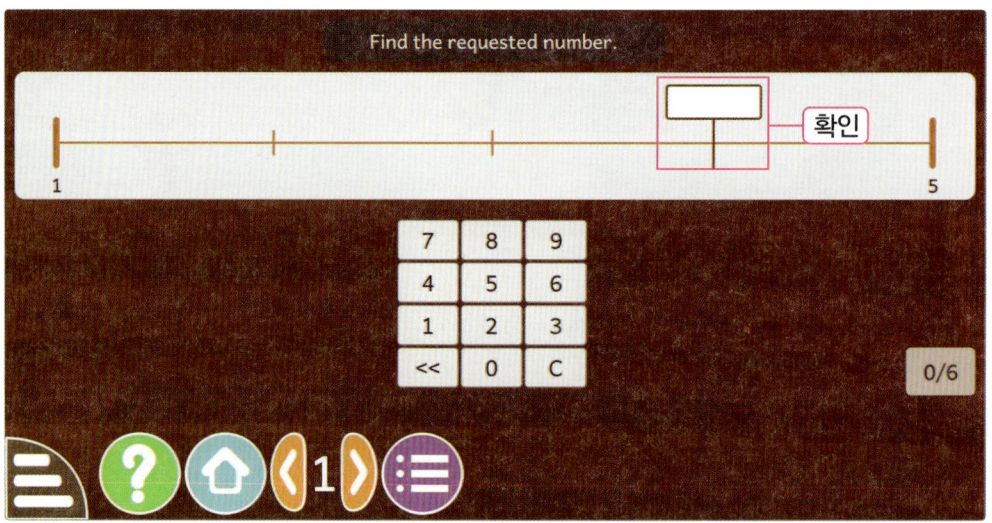

❸ 눈금에 맞는 숫자를 입력하고 [OK] 단추를 클릭합니다.

※ 눈금의 위치는 실행할 때마다 변경됩니다.

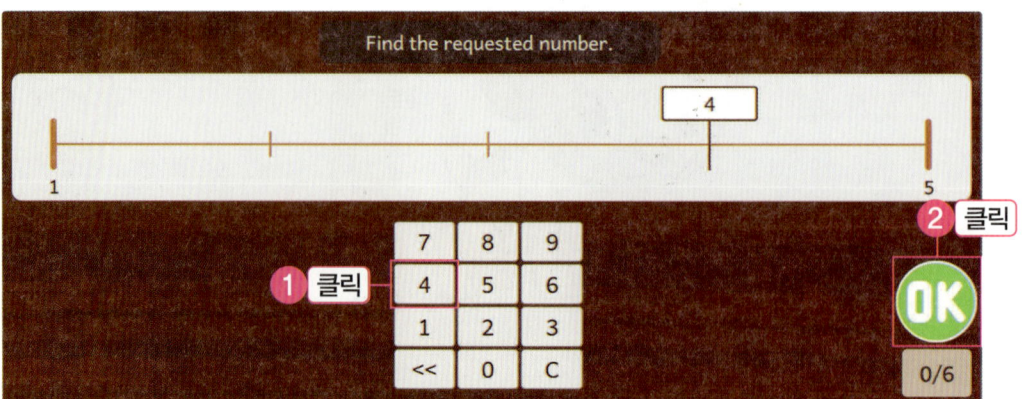

02 두 주사위의 합 맞추기

❶ '하양 대원'을 따라서 [Numeration]-[Numbers with dominoes] 메뉴를 클릭합니다.

❷ <9단계>로 설정합니다. 위에서 아래로 떨어지는 주사위는 한 개에 '0'부터 '9' 숫자로 이루어져 있습니다.
※ 눈금의 숫자는 실행할 때마다 변경됩니다.

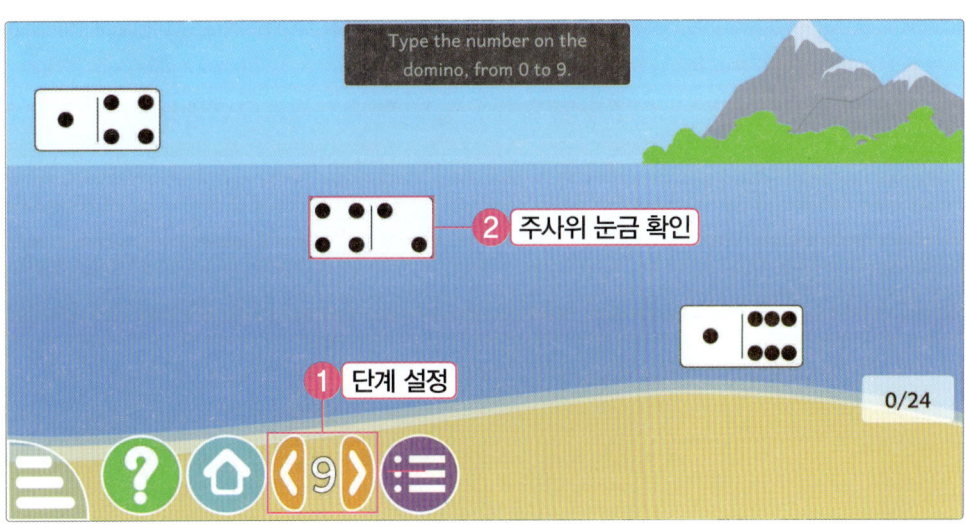

❸ 두 개의 주사위 눈금을 확인하고, 두 숫자를 더한 다음 숫자키를 눌러 정답을 입력합니다.

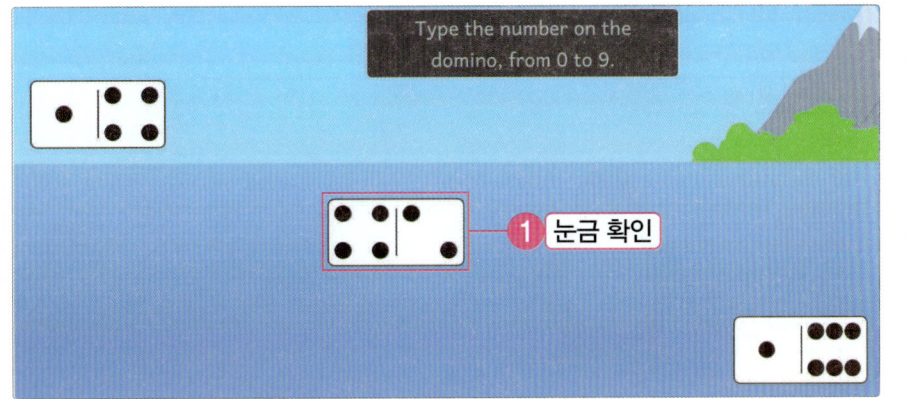

03 주사위로 펼치는 얼음 위 모험

❶ '하양 대원'을 따라서 [Numeration]-[Count intervals] 메뉴를 클릭합니다.

❷ '포포 대원'이 '물고기'를 먹을 수 있도록 거리를 계산해서 '주사위'의 눈금을 설정합니다. '주사위'의 눈금을 마우스로 클릭하여 눈금을 설정하고 해제할 수 있습니다.

❸ '포포 대원'이 '물고기'를 5번 먹으면 성공, 4번 잘못 입력하면 실패입니다. '포포 대원'을 도와주세요.
※ 물고기의 위치는 실행할 때마다 변경됩니다.

CHAPTER 13

미션 수행하기

미션 1 '토끼'가 길을 찾아 알록달록 모여있는 '알 바구니'까지 가야 해요.
'알 바구니'에 도착하기 위해 두 주사위 숫자의 합이 얼마가 되어야 할까요?

| 3 + (   ) | 5 + (   ) | 8 + (   ) |

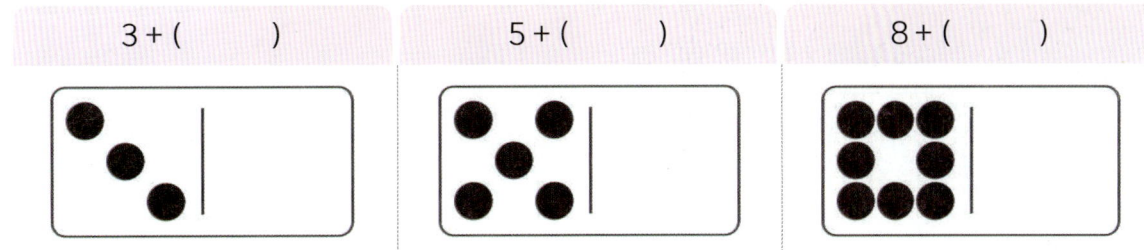

CHAPTER 14. 하양 대원과 함께하는 시간 여행

학습 목표

- 아날로그 시계와 디지털 시계를 구분해봅니다.
- 아날로그 시계의 시침과 분침의 차이를 이해해봅니다.
- GCompris 프로그램을 활용하여 논리적 사고와 패턴 인식 능력에 대한 흥미를 높입니다.

아날로그 시계와 디지털 시계의 차이를 확인해봅니다.

특징	아날로그 시계	디지털 시계
시계		
모양	둥글고, 숫자 1부터 12까지 적혀 있어요.	네모나거나 둥글 수 있지만, 화면에 숫자가 나와요.
시간 표시	시침, 분침, 초침이 있어요. 시침은 시간을, 분침은 분을, 초침은 초를 가리켜요.	화면에 바로 숫자가 보여요. 예를 들어, 4시 30분이라면 4:30으로 보여요.
읽는 방법	시침과 분침, 초침으로 숫자를 읽어요.	숫자로 시간을 바로 읽을 수 있어요.
비교	아날로그 시계는 시간을 읽을 때 조금 더 생각해야 하지만, 디지털 시계는 숫자를 읽기만 하면 시간을 알 수 있어요.	

문제 해결을 위한 생각 기르기

■ 시계를 차고 있는 3명 중에서 '아날로그 시계'를 착용하고 있는 사람을 골라주세요.

미나   주영   태진

■ 아날로그 시계 읽는 방법을 확인해 봅니다. 시계에 표시된 시간은   시   분입니다.

01 아날로그 시계로 시간 설정하기 (Hour : 시)

❶ '하양 대원'을 따라서 [Measures]-[Learning clock] 메뉴를 클릭합니다.

❷ 시계에 표시된 시간을 다시 설정해야 해요! 제시된 시간을 보고 '시침'을 설정해주세요.
※ 시침의 위치와 제시된 시간은 실행할 때마다 변경됩니다.

여기서 잠깐!

[시간을 표현하는 영어]
hour : 시
minute : 분
second : 초

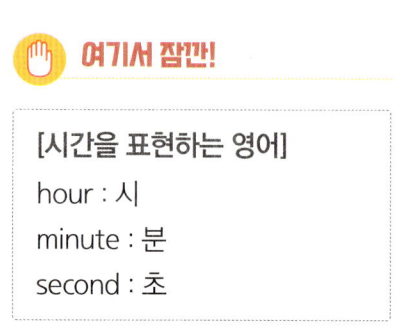

❸ [힌트(💡)] 단추를 클릭하면 '시침'이 가리키는 시간을 '디지털 숫자'로 확인할 수 있습니다. '시침'을 마우스로 클릭하고 드래그해서 제시된 시간으로 설정한 다음 [OK] 단추를 클릭합니다.

084 • 키보드와 마우스로 시작하는 똑똑한 컴퓨터 놀이

02 아날로그 시계로 시간 설정하기 (Minute : 분)

❶ [Measures]-[Learning clock] 메뉴에서 <2단계>로 설정합니다.

❷ 시계에 표시된 시간을 다시 설정해야 해요! 제시된 시간을 보고 '시침'과 '분침'을 설정해주세요.
※ 시침과 분침의 위치와 제시된 시간은 실행할 때마다 변경됩니다.

여기서 잠깐!

[시간을 표현하는 영어]
hour : 시
minute : 분
second : 초

❸ [힌트(💡)] 단추를 클릭하면 '시침'과 '분침'이 가리키는 시간을 '디지털 숫자'로 확인할 수 있습니다. 먼저 '시침'을 마우스로 클릭하고 드래그해서 제시된 시간으로 설정합니다.

❹ 이어서 '분침'을 마우스로 클릭하고 드래그해서 표시된 시간으로 설정한 후 [OK] 단추를 클릭합니다.

03 아날로그 시계로 시간 설정하기 (Second : 초)

❶ [Measures]-[Learning clock] 메뉴에서 <6단계>로 설정합니다.

❷ 시계에 표시된 시간을 다시 설정해야 해요! 제시된 시간을 보고 '시침', '분침', '초침'을 설정해주세요.
   ※ 시침과 분침, 초침의 위치와 제시된 시간은 실행할 때마다 변경됩니다.

여기서 잠깐!

[시간을 표현하는 영어]
hour : 시
minute : 분
second : 초

❸ [힌트()] 단추를 클릭하면 '시침'과 '분침', '초침'을 '디지털 숫자'로 확인할 수 있습니다. 먼저 '시침'과 '분침'을 마우스로 클릭하고 드래그해서 제시된 시간으로 설정합니다.

❹ 이어서 '초침'을 마우스로 클릭하고 드래그해서 표시된 시간으로 설정한 후 [OK] 단추를 클릭합니다.

CHAPTER 14

미션 수행하기

미션 1 시계를 보고 시간이 알맞게 표시된 곳에 연결해주세요.

5시   10시   11시

미션 2 시간을 보고 시계에 '시침'과 '분침'으로 그려주세요.

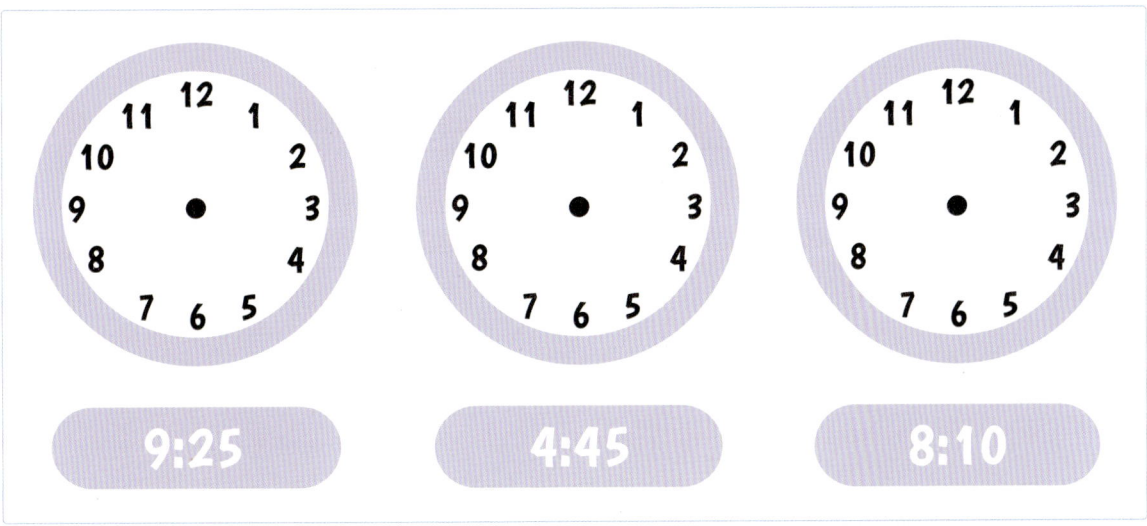

9:25   4:45   8:10

CHAPTER 15 하양 대원과 함께하는 기념일

학습 목표

- 주사위의 기본적인 개념과 사용 방법을 배워봅니다.
- 수학적 사고와 창의적 능력을 높입니다.
- GCompris 프로그램을 활용하여 창의적 사고와 문제 해결 능력에 대한 흥미를 높입니다.

배울 내용 미리보기

매년 '5월'은 가정의 달이에요! 어린이날도 있고 지영이의 생일이 있는 날이라서 지영이가 잔뜩 신이 났어요~ 일요일부터 토요일까지 적고, 5월에는 어떤 일이 있는지 달력에 표기해볼까요?

5월 5일 : 어린이날
5월 8일 : 어버이날
5월 15일 : 스승의 날
5월 21일 : 지영이 생일

문제 해결을 위한 생각 기르기

■ **5월에는 행사가 많은 달이에요!** 달력을 보고 문항에 빈칸을 채워주세요.

5 MAY

일요일	월요일	화요일	수요일	목요일	금요일	토요일
					1	2
3	4	⑤	6	7	⑧	9
10	11	12	13	14	⑮	16
17	18	19	20	㉑	22	23
24	25	26	27	28	29	30
31						

- 이번 어린이날은 화요일이어서 5월 4일 (　　　) 요일을 샌드위치 데이라고 해요.
- 어버이날이 2일 남아서 오늘 학교에서 부모님께 편지를 썼어요. 오늘이 무슨 날일까요? (　　　　)
- 지영이 생일은 (　　　) 요일이에요. 생일 파티는 5월 23일 토요일에 하기로 했어요~

01 달력에 요일 표시하기

① 달력에는 월요일부터 일요일까지 총 7개의 요일로 표시합니다.

② 동물을 확인하고 관련된 영어 단어와 연결해 보세요.

02 달력에서 날짜 찾기

❶ '하양 대원'을 따라서 [Measures]-[Calendar] 메뉴를 클릭합니다.

❷ '하양 대원'이 오늘이 며칠인지 물어봅니다. 달력에서 찾아서 마우스로 클릭해주세요.

※ 날짜는 실행할 때마다 변경됩니다.

❸ 날짜를 확인하고 달력에서 클릭한 다음 [OK] 단추를 클릭합니다.

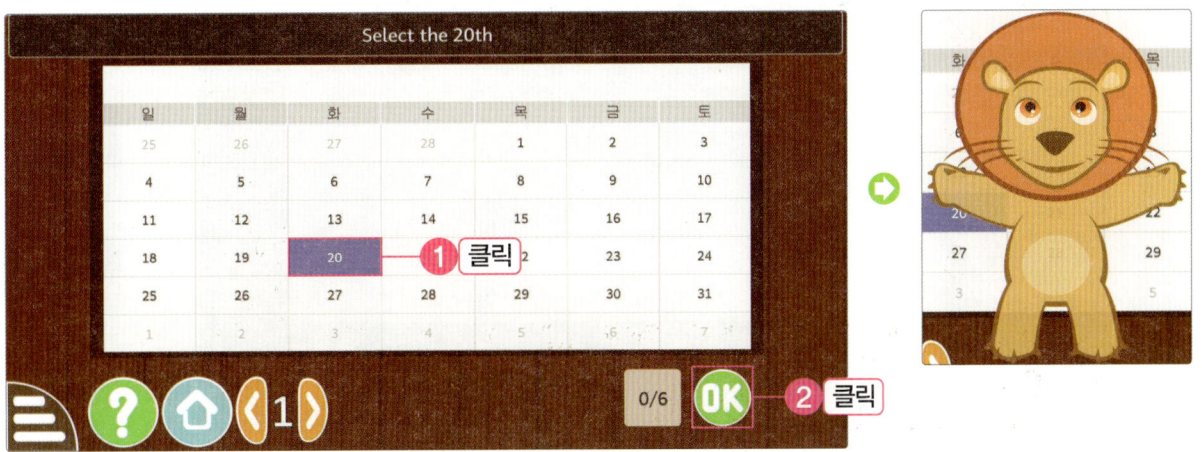

03 달력에서 요일 찾기

❶ [Measures]-[Calendar] 메뉴에서 <2단계>로 설정합니다.

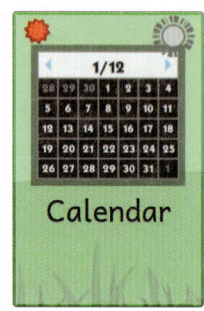
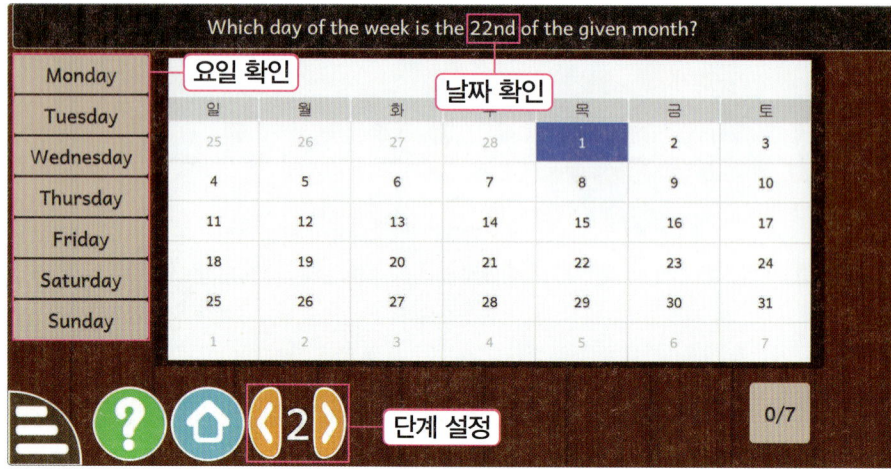

❷ '하양 대원'이 오늘의 요일을 물어봅니다. 달력에서 먼저 오늘 날짜를 찾아서 마우스로 클릭해주세요.

※ 날짜는 실행할 때마다 변경됩니다.

여기서 잠깐!

[요일을 표현하는 영어]

월요일 : Monday
화요일 : Tuesday
수요일 : Wednesday
목요일 : Thursday
금요일 : Friday
토요일 : Saturday
일요일 : Sunday

❸ 왼쪽에 있는 요일 목록에서 오늘 날짜의 요일을 클릭해주세요.

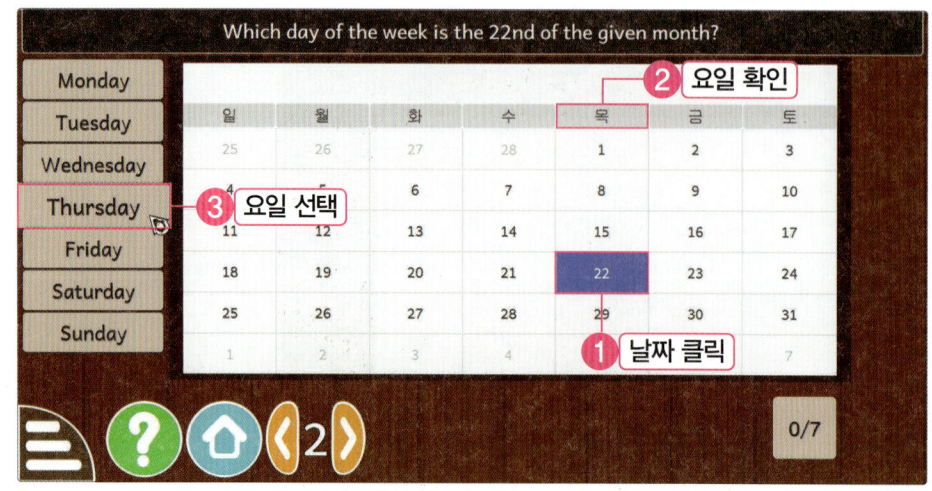

CHAPTER 15

미션 수행하기

미션 1 이런.. 달력이 찢어졌어요! 곧 '하양 대원'의 생일이 다가오고 있어요. 찢어진 달력을 보고 '하양 대원'의 생일을 준비해주세요.

오늘은 4월 13일 월요일입니다. 어제는 ☐일 ☐요일이었고 하양 대원의 생일 파티를 준비하기 위해 포포 대원을 비롯한 다른 대원들과 함께 파티를 준비했습니다. 4번째 주 화요일인 ☐일에는 하양 대원의 생일이에요. 내일은 하양 대원 몰래 다른 대원들이랑 같이 선물을 사러 갈 거예요. 생일 케이크는 생일 2일 전에 주문하기로 했어요.

- 하양 대원의 생일은 언제일까요? 4월 ☐일 ☐요일
- 생일 케이크는 언제 주문할까요? 4월 ☐일 ☐요일

종합평가

01 다음 설명을 읽고 바르게 연결되도록 선을 그어주세요.

CMYK 색상

RGB 색상

- 컴퓨터, 태블릿, TV 같은 화면에서 보는 색이에요.

- 색이 섞이면 섞일수록 밝아져요.

- 종이에 그림을 그리거나 색칠할 때 사용하는 색이에요.

- 색이 섞이면 섞일수록 어두워져요.

02 [포포 대원]-[Music]-[Piano composition] 메뉴에서 멜로디를 만들어보고 계이름을 적어보세요.

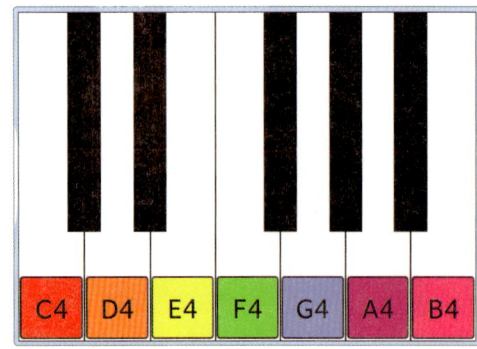

(라) ( ) ( ) ( ) (라) (라) (라)

03 다음 빈칸에 들어갈 숫자로 옳은 것을 골라주세요.

| 1 | 0 | 0 | | 1 | 0 |

 +  =

① 010
② 101
③ 110
④ 100

04 다음 그림을 보고 연관 있는 그림끼리 연결해 주세요.

05 산타할아버지가 올해도 크리스마스를 위해 선물을 준비하고 있어요! 그림에서 시계를 찾고 12시 10분이 되도록 긴 바늘을 그려주세요.

06 다음 내용을 읽고 빈칸에 들어갈 숫자를 적어주세요.

매년 크리스마스는 12월 ☐ 일이에요. 산타할아버지는 울지 않고 착한 일을 하는 어린이들에게 선물을 나눠주신다고 했어요. 제 생일은 크리스마스가 있는 12월의 마지막 날이에요. 제 생일은 12월 ☐ 일이에요. 이번 크리스마스에는 울지 않고 착한 일도 많이 했으니까, 선물을 많이 받을 것 같아서 기뻐요.

CHAPTER 17 포포 대원과 함께하는 블록 놀이

학습 목표

- 하노이 탑 규칙을 이해하고 설명해봅니다.
- 수학적 사고와 문제 해결 능력을 높입니다.
- GCompris 프로그램을 활용하여 논리적 사고와 문제 해결 능력에 대한 흥미를 높입니다.

'자동차'가 완성될 수 있도록 조각을 알맞게 배치해 주세요.

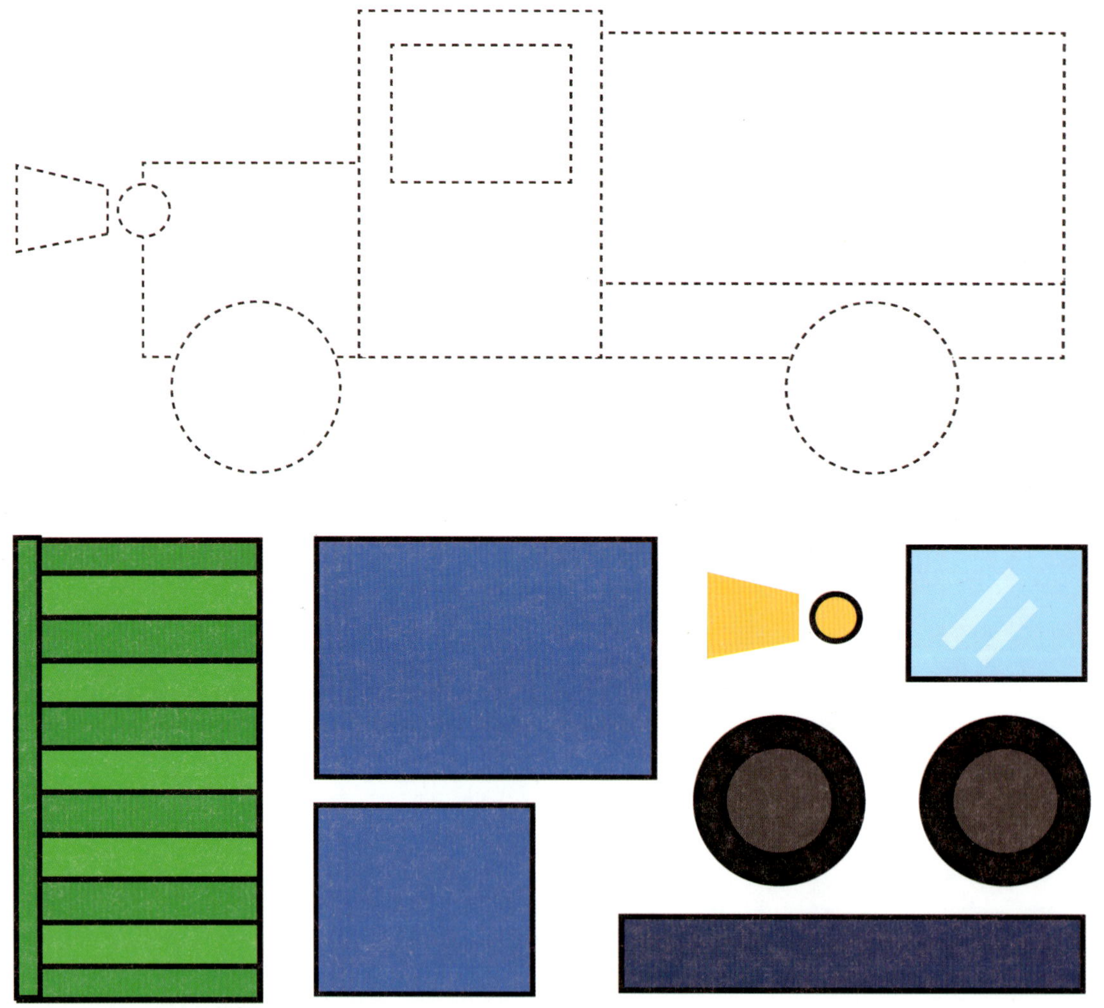

문제 해결을 위한 생각 기르기

■ 하노이 탑 블록을 아래 그림과 같이 쌓아놓고 위에서 보았어요. 각 블록에 맞는 모양을 찾아 주세요.

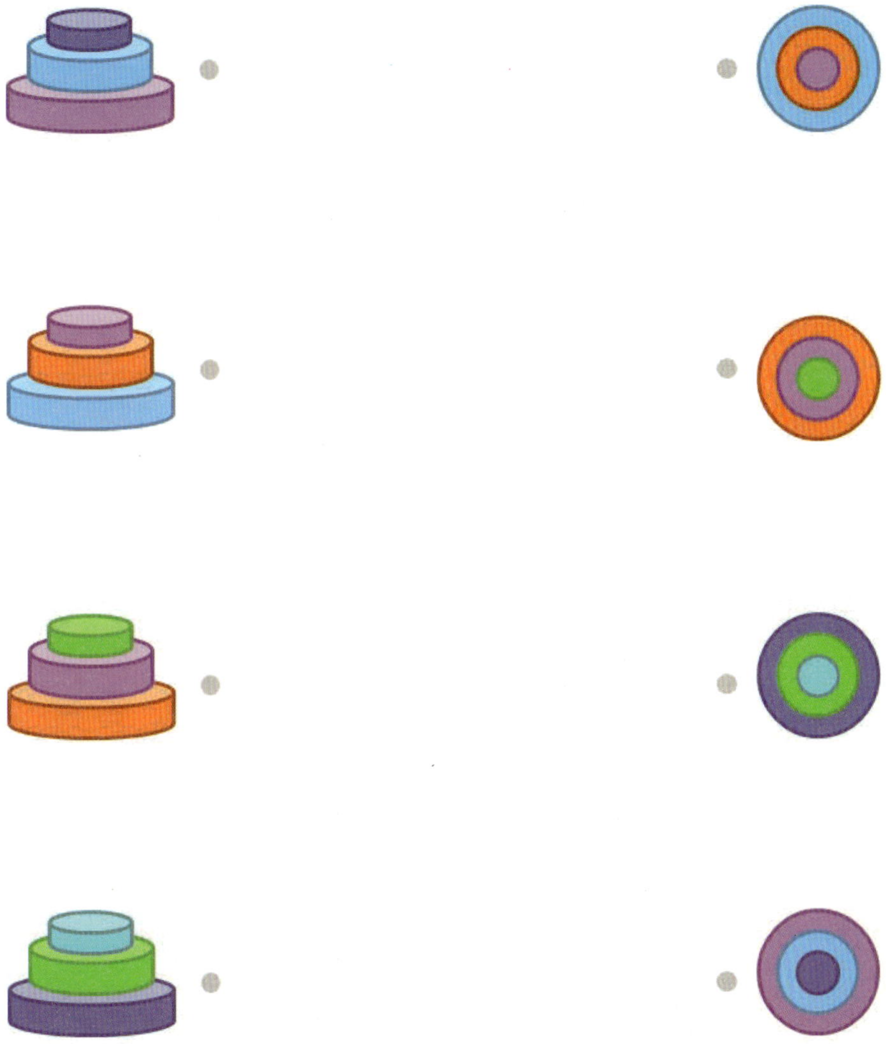

01 블록 하나씩 차곡차곡 옮기기

❶ '포포 대원'을 따라서 [Logic]-[Simplified Tower of Hanoi] 메뉴를 클릭합니다.

❷ 4번째에 있는 '초록색 기둥'을 맨 오른쪽 '빨간색 기둥'과 똑같이 만들면 완성이에요.

❸ 기둥에 있는 모양은 실행할 때마다 다르게 설정되고, [새로고침(🔄)] 단추를 클릭하면 모양을 변경할 수 있어요.

❹ 블록을 옮길 때는 무조건 맨 위에 있는 도형 한 개씩만 옮길 수 있어요. '빨간 기둥'을 보고 도형의 순서대로 블록을 옮겨주세요.

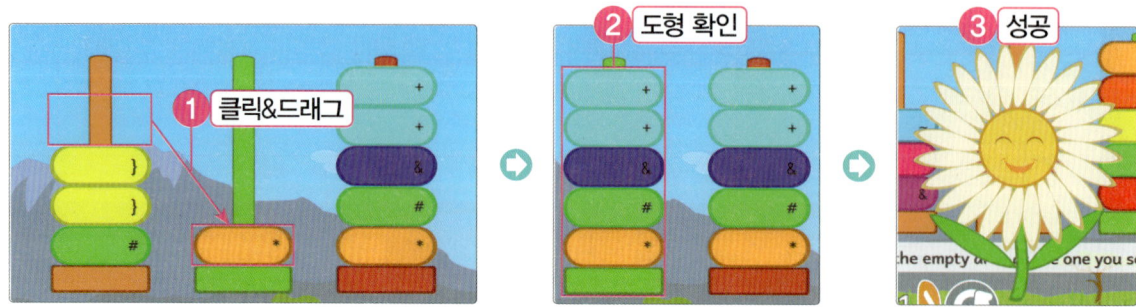

02 하노이 탑 똑같은 모양으로 옮기기

❶ '포포 대원'을 따라서 [Logic]-[The Tower of Hanoi] 메뉴를 클릭합니다.

❷ '하노이 탑'의 규칙은 3가지입니다.

1) 한 번에 한 개의 블록만 옮길 수 있습니다.

2) 기둥 맨 위에 있는 블록만 다른 기둥으로 옮길 수 있습니다.

3) 크기가 큰 블록은 작은 블록보다 아래에 있어야 합니다.

❸ '하노이 탑'에 있는 블록 순서대로 '초록색 기둥'에 똑같이 옮기면 완성입니다. 최소한의 이동으로 블록을 옮겨주세요.

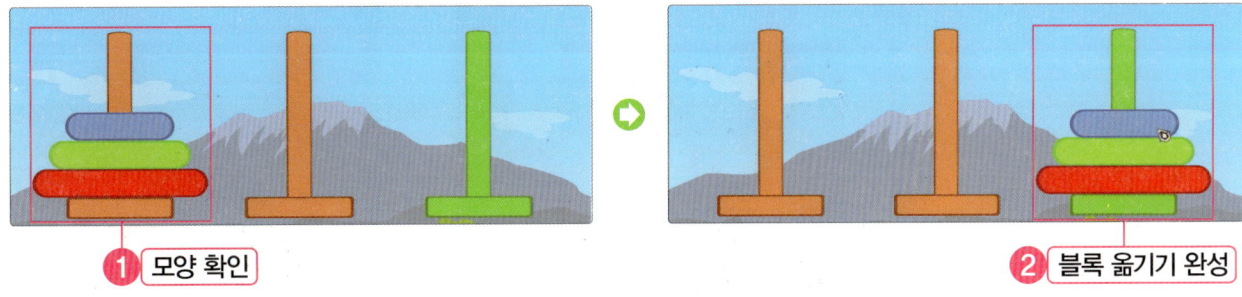

Chapter 17 포포 대원과 함께하는 블록 놀이 • 099

03 꽉 막힌 주차장 탈출하기

❶ '포포 대원'을 따라서 [Logic]-[A sliding-block puzzle game] 메뉴를 클릭합니다.

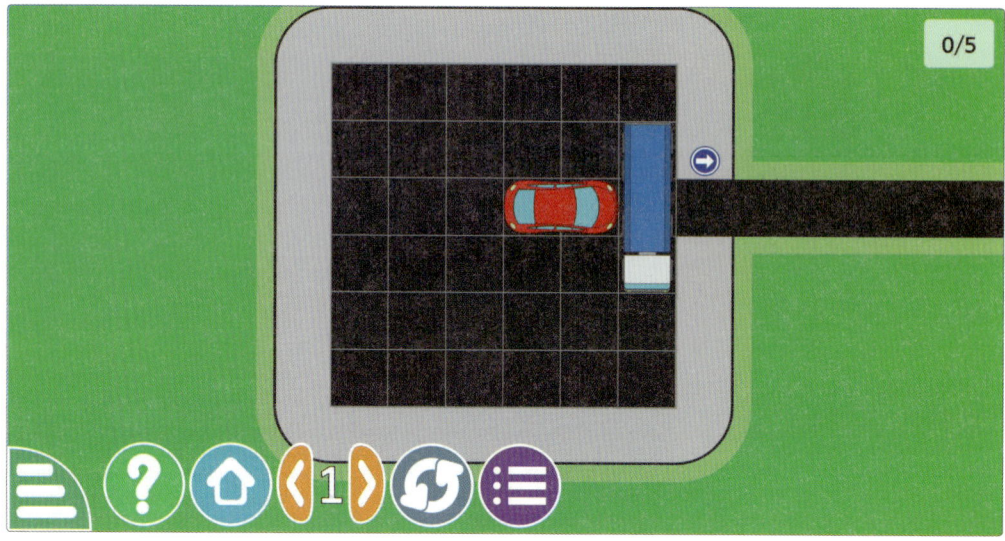

❷ '포포 대원'과 함께 임무를 떠나러 '빨간 차'를 타고 있는데 다른 차가 길을 막고 있어요.

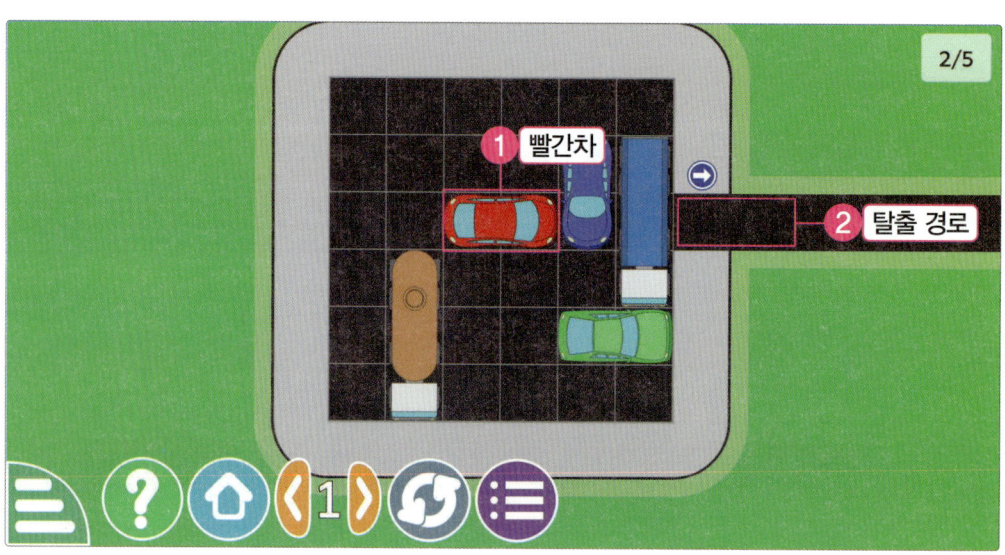

❸ '빨간 차'가 화살표 방향으로 나갈 수 있도록 길을 막고 있는 차량을 클릭해서 위치를 이동해주세요.

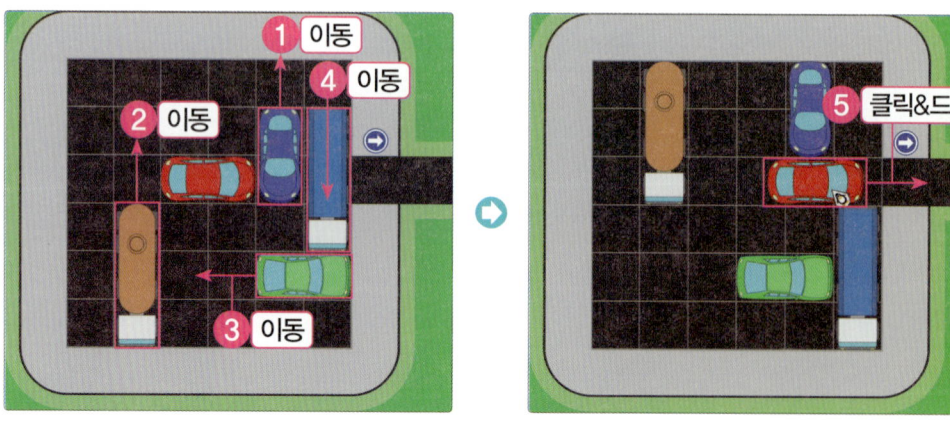

CHAPTER 17

미션 수행하기

미션 1 블록을 사용해서 '집'을 색칠하려고 해요. 블록의 모양과 색을 확인하고, 흰색 블록을 색칠해 주세요.

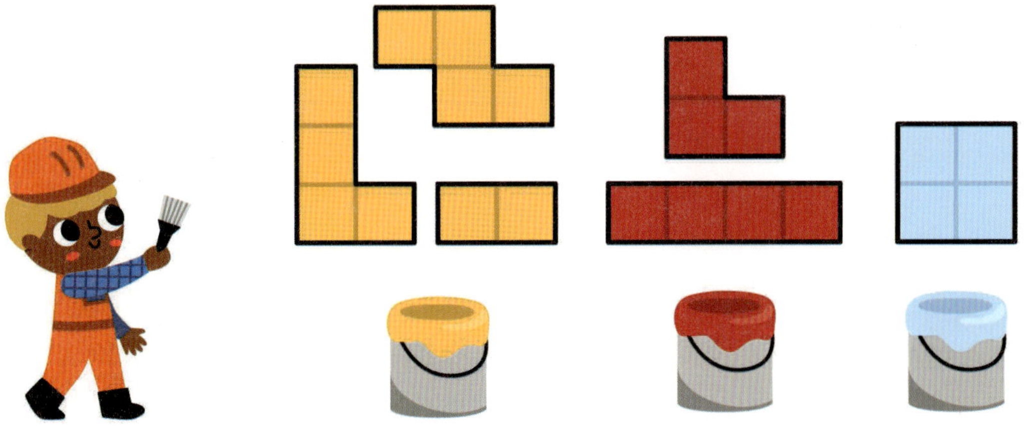

CHAPTER 18. 핑키 대원이 알려주는 아날로그 전기

학습 목표

- 이진수와 십진수의 차이점을 설명해봅니다.
- 아날로그 전기 회로를 설계하고 구현하며, 이진수 값을 읽고 변환해봅니다.
- GCompris 프로그램을 활용하여 창의적 사고와 문제 해결 능력에 대한 흥미를 높입니다.

배울 내용 미리보기

우리가 숫자를 셀 때 사용하는 '십진수'와 컴퓨터가 숫자를 세는 '이진수'의 차이를 알아봅니다. ▷▷

십진수	이진수

0, 1, 2, 3, 4, 5, 6, 7, 8, 9 … 21, 22, 23 …	0, 1
십진수는 우리가 숫자를 세고 쓸 때 가장 많이 사용하는 숫자에요. 0부터 9까지 숫자를 이용해서 큰 숫자를 만들 수 있어요.	이진수는 컴퓨터가 숫자를 세고 계산할 때 사용하는 숫자에요. 숫자를 셀 때 0과 1 두 개의 숫자만 사용해요.

문제 해결을 위한 생각 기르기

■ '핑키 대원'과 함께 이진수 카드 놀이를 하고 있어요. 카드 놀이를 통해 '이진수'가 무엇인지 알아봅니다.

1 이진수 카드의 앞면에는 '전구 그림'이 있고, 뒷면에는 '0'이 적힌 노란색 카드로 표시 되어있습니다. 카드를 나란히 놓고 '0'과 '1'로 이루어진 '이진수'를 표현할 수 있습니다.

2 이진수 카드에 표시된 '전구'는 왼쪽으로 갈수록 2배씩 커지는 특징이 있습니다. 그렇다면 '?(물음표)'에 들어갈 숫자는 무엇일까요?

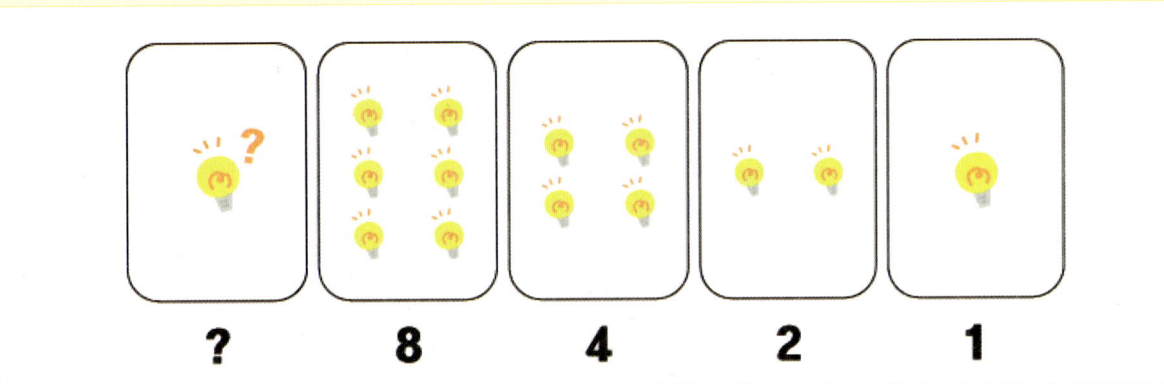

3 이 카드를 이용해서 우리가 사용하는 '십진수' 숫자를 표현할 수 있습니다.

01 전구를 이용한 이진수 놀이

❶ '핑키 대원'을 따라서 [Experiment]-[Binary bulbs] 메뉴를 클릭합니다.

❷ '핑키 대원'이 전구를 이용하여 숫자를 표현하고 있습니다. 전구 1개에 불이 켜지면 '1', 꺼져있으면 '0'입니다.

※ '핑키 대원'이 말하는 숫자는 실행할 때마다 변경됩니다.

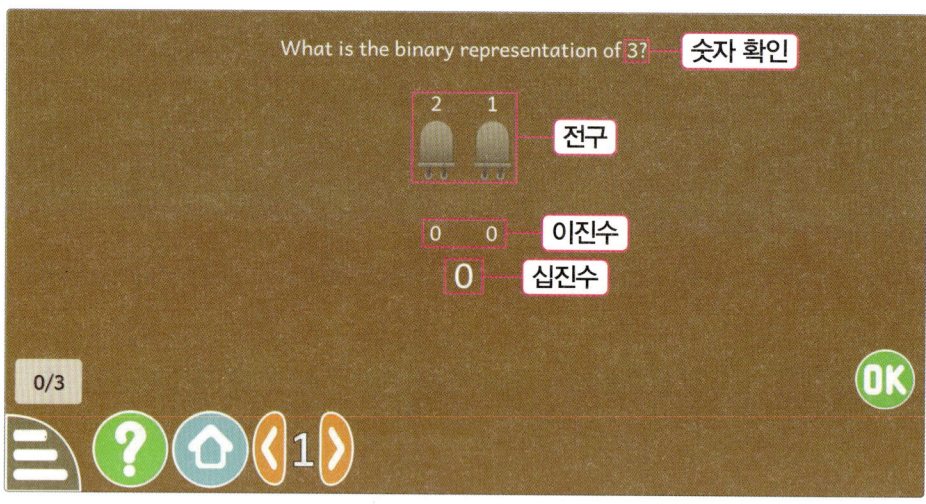

❸ 핑키 대원'이 '3'을 말했기 때문에 '전구 1'과 '전구 2'가 모두 켜지면 '3'이 완성됩니다.

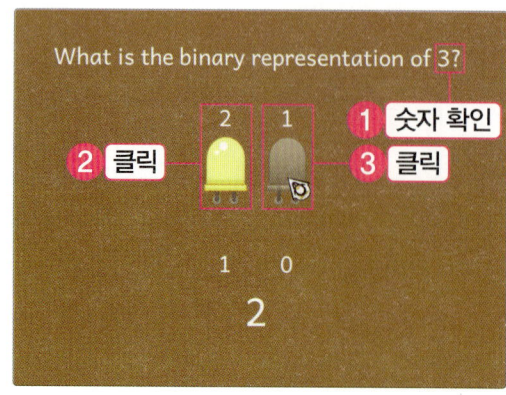
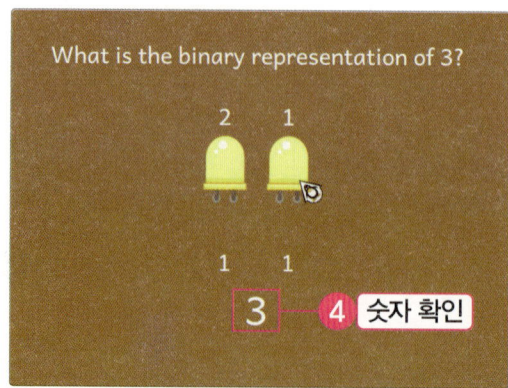

02 아날로그 전구 연결하기

❶ '핑키 대원'을 따라서 [Experiment]-[Analog electricity] 메뉴를 클릭합니다.

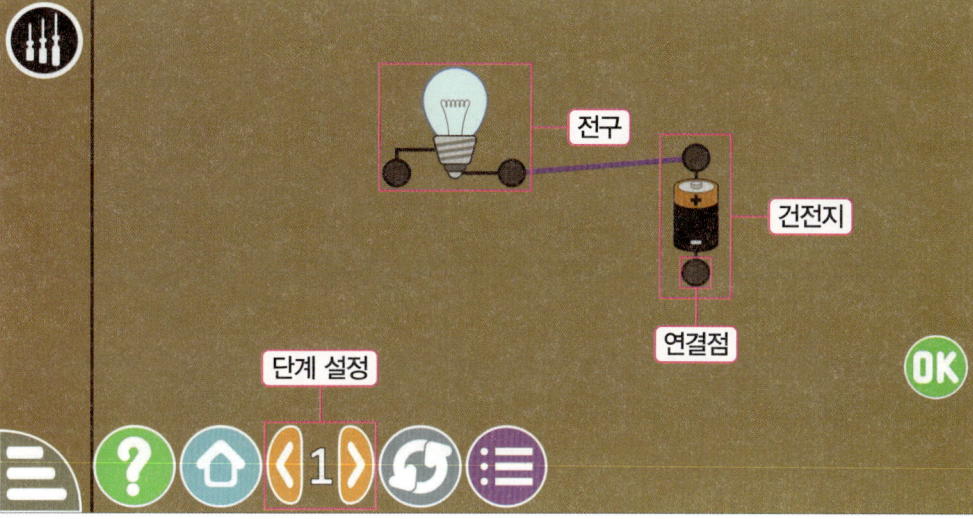

❷ [1단계] 전구 켜기 : '전구'와 '건전지'를 이용해서 '전구'에 불이 들어오도록 '연결 점'을 마우스로 클릭하여 연결하고 [OK] 단추를 클릭합니다.

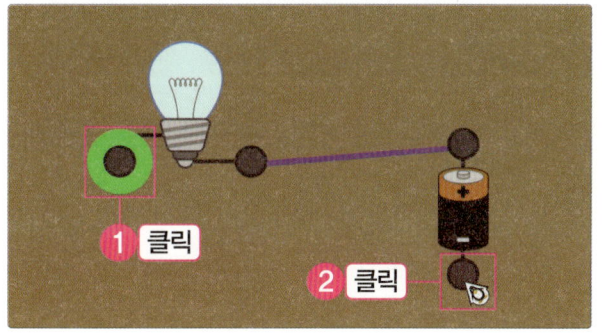
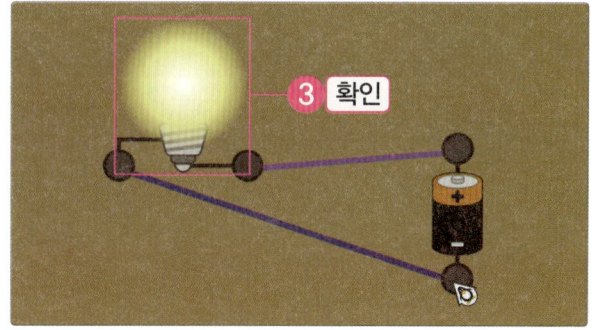

❸ [2단계] 단락 상황 만들기 : 연결되면 안 되는 두 개의 '건전지'를 연결하면 전기회로에 '단락'이 발생합니다. 두 개의 '건전지'를 서로 연결하여 '단락' 상황이 되도록 연결합니다. '경고창'이 보여지면 '경고창'을 클릭한 후 [OK] 단추를 클릭합니다.

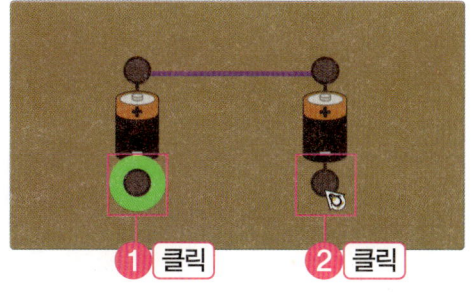
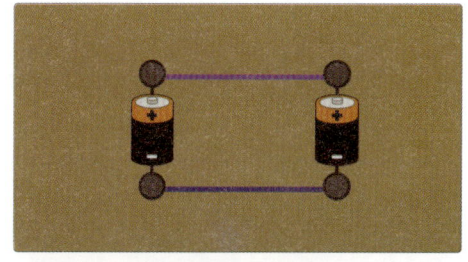
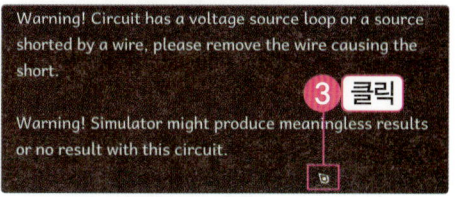

Chapter 18 핑키 대원이 알려주는 아날로그 전기 • 105

④ **[3단계] 전구가 손상되는 상황 만들기** : '전구' 1개에 '건전지' 2개를 연결하면 너무 많은 전류가 흐르기 때문에 '전구'가 손상될 수 있습니다. '전구'가 끊어지도록 선을 연결합니다.

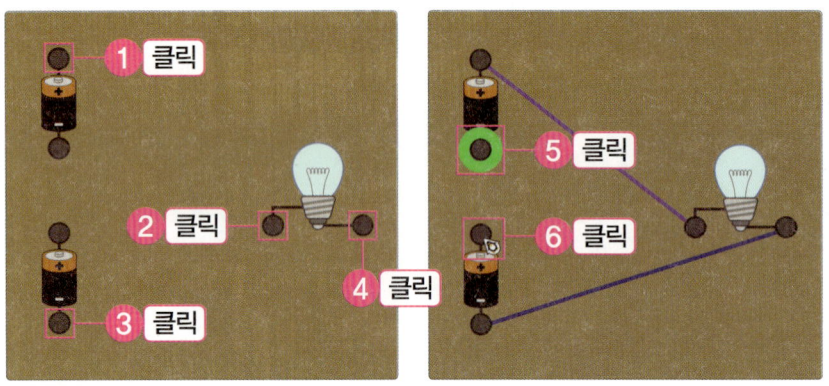
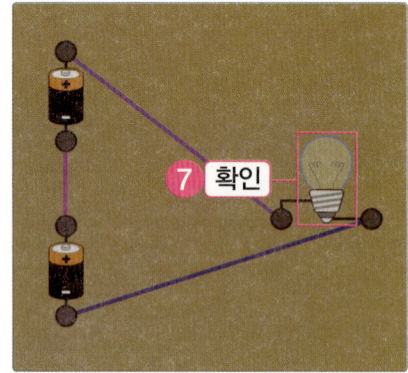

⑤ **[4단계] 스위치를 이용하여 전구 켜기** : '전구'와 '건전지', '스위치'를 연결하여 '전구'에 불이 들어오도록 연결합니다.

1) 왼쪽 도구 모음에서 '건전지'를 클릭, 드래그해서 화면에 배치합니다.

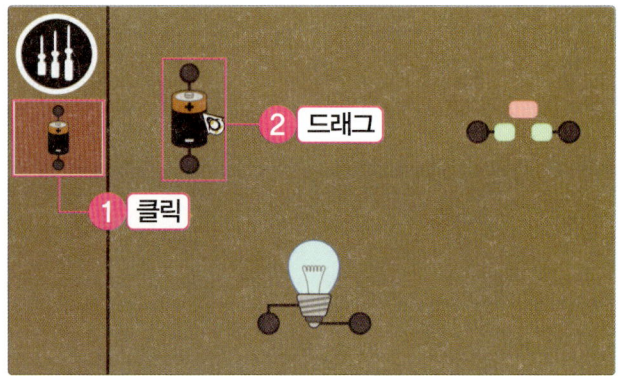

2) '전구'와 '건전지', '스위치'를 연결하고 '스위치'의 전원을 켰다, 껐다 하며 '전구'에 불이 켜지고 꺼지는지 확인하고 [OK] 단추를 클릭합니다.

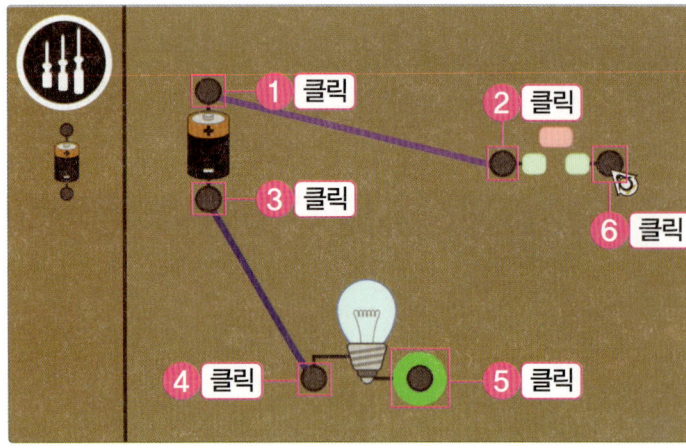
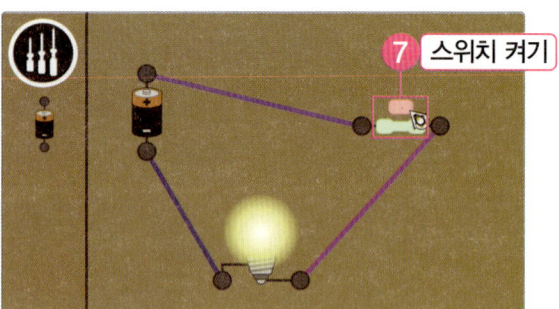
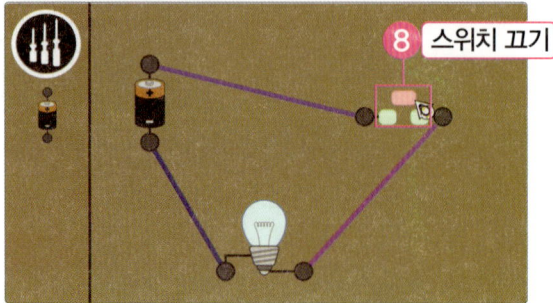

CHAPTER 18 미션 수행하기

 '심플 커넥터'를 사용해서 '전구' 1개는 계속 켜져있고, '다른 전구' 1개는 '스위치'의 전원으로 켜졌다 꺼졌다 하도록 설정해봅니다.

※ [Experiment]-[Analog electricity] 메뉴에서 <5단계>로 설정합니다.

- **[1단계] 회로 준비하기** : '건전지'를 클릭하고 [수리(|||)] 단추의 [회전(↺)] 단추를 클릭하여 방향을 변경합니다. 이어서 '심플 커넥터'를 화면에 배치합니다.

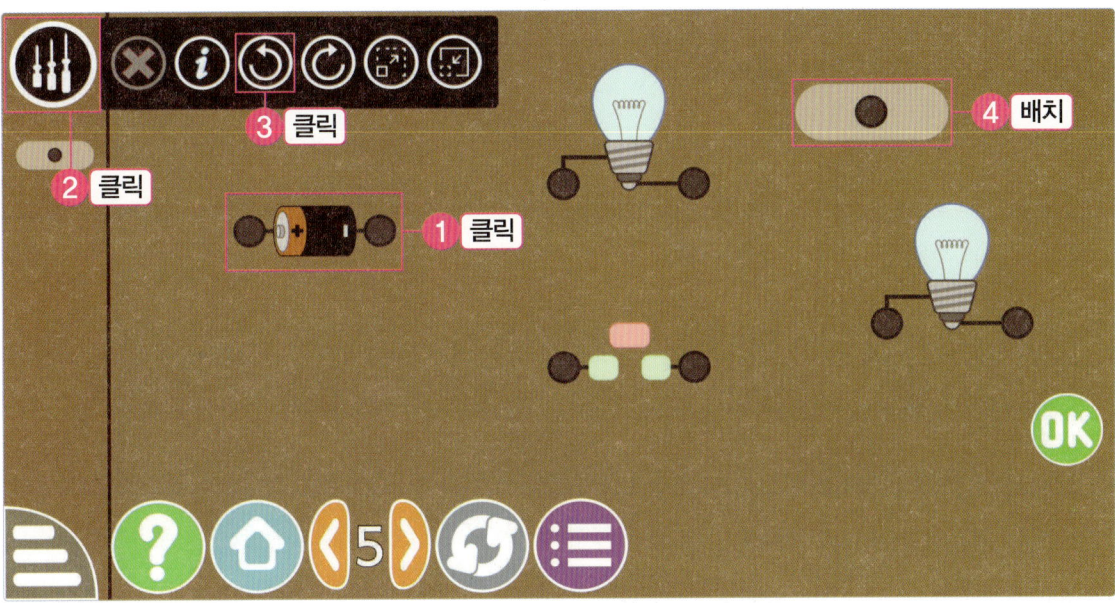

- '전구'와 '건전지', '스위치' 등 '전구' 연결에 필요한 도구들을 <보기>와 같이 정리하고, '전구1'은 항상 켜지도록 '건전지'와 연결합니다.

- '전구2'는 '스위치' 동작에 따라 불이 켜지고 꺼질 수 있도록 <문제>에서 선 2개를 그려주세요.

보기	문제

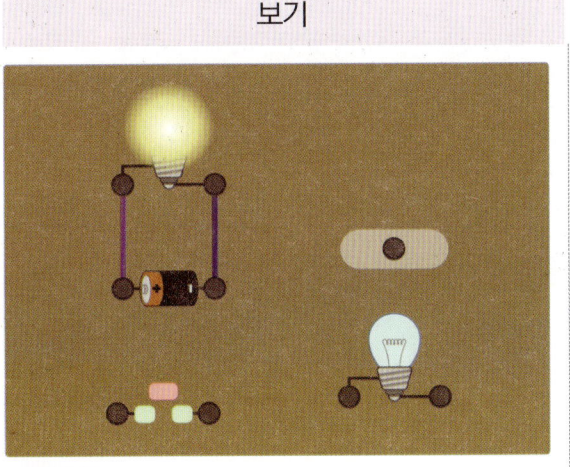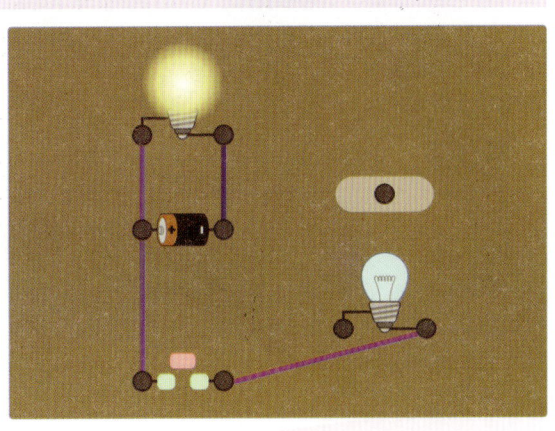

CHAPTER 19 핑키 대원이 알려주는 디지털 전기

학습 목표

- 논리 회로 기호(AND, OR, NOT)에 대해 학습합니다.
- 디지털 전기 회로를 설계하고 구현하여, 이진수 값을 읽고 변환해봅니다.
- GCompris 프로그램을 활용하여 창의적 사고와 문제 해결 능력에 대한 흥미를 높입니다.

'자동차' 계기판에서도 '아날로그'와 '디지털' 숫자 판을 확인할 수 있어요!
사진에서 '아날로그'와 '디지털'을 표시해 보세요.

문제 해결을 위한 생각 기르기

■ 한별이랑 민혁이가 점심 메뉴를 고민하고 있어요. 어떤 메뉴를 추천하면 좋을까요?

■ 한별이와 민혁이가 좋아하는 음식과 싫어하는 음식을 표로 정리해 보았어요. 한별이와 민혁이의 대화를 보고 빈칸을 채워주세요.
 – 한별이와 민혁이가 둘 다 좋아하는 음식이거나 싫어하는 음식이면 AND 조건이에요.
 – 한별이와 민혁이 두 명 중 한 명이 좋아하는 음식이나 싫어하는 음식이 있으면 OR 조건이에요.

음식	한별	민혁	결과
피자	좋아요	좋아요	AND 조건
햄버거	싫어요		
감자튀김			OR 조건
핫도그		싫어요	

01 디지털 신호 연결하기

❶ '핑키 대원'을 따라서 [Experiment]-[Digital electricity] 메뉴를 클릭합니다.

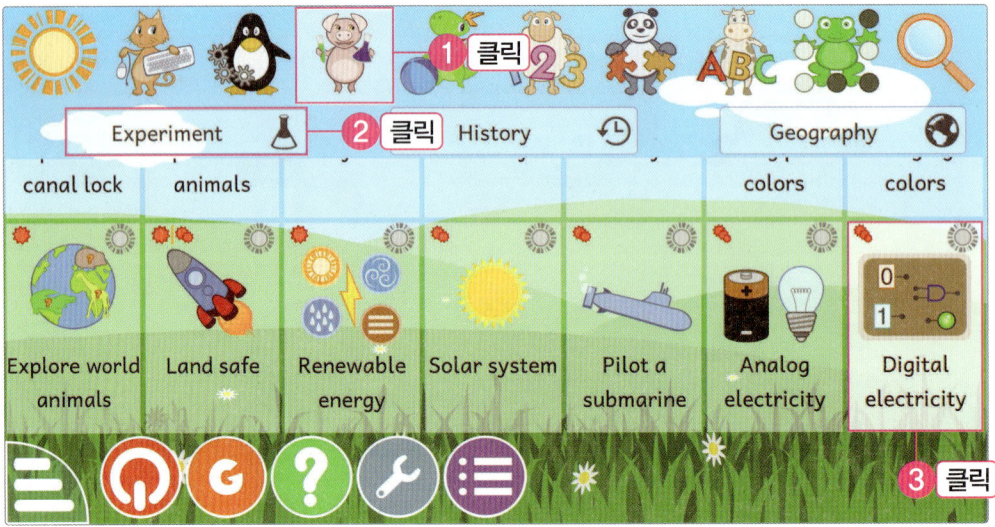

❷ '핑키 대원'이 '1'과 '0'을 이용하여 '디지털 신호'를 설명하고 있습니다. '디지털 신호'가 빨간색이면 '0', 초록색이면 '1'입니다. '디지털 신호'를 초록색으로 변경하기 위해서는 '1'이 필요합니다.

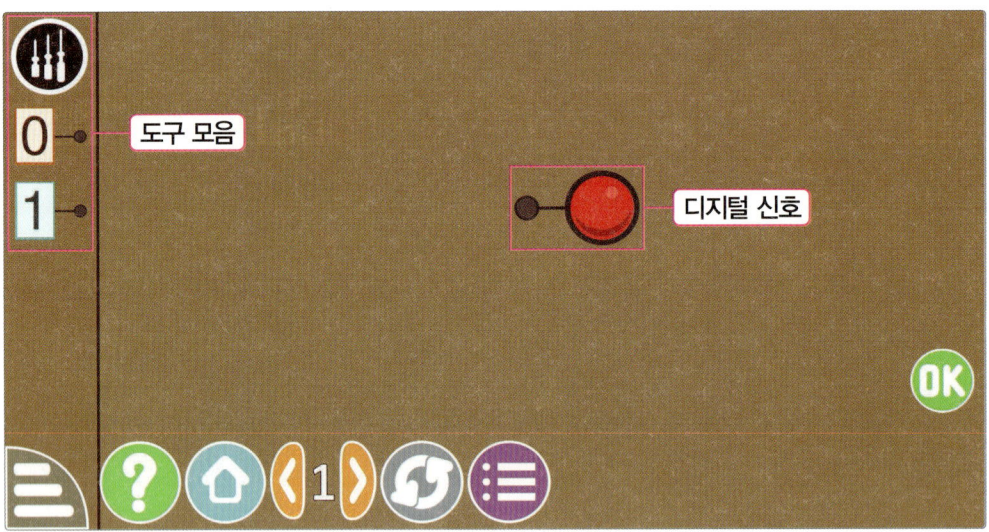

❸ [1단계] 디지털 신호 연결하기 : '디지털 신호'를 초록색으로 변경하기 위해 왼쪽에 있는 도구 모음에서 '1'을 화면에 드래그하여 배치한 후 '디지털 신호'와 연결합니다. '초록색 신호'로 변경되면 [OK] 단추를 클릭합니다.

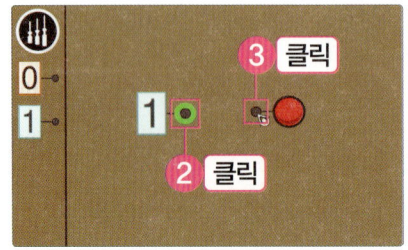
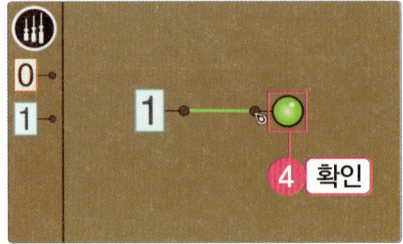

02 디지털 신호 기호 알아보기 (AND와 OR 게이트)

❶ [2단계] 'AND 게이트( )' 이용하기 : 'AND 게이트'는 두 개의 점이 모두 '1'로 입력되어야 '초록색 신호'로 변경됩니다. '초록색 신호'로 변경되면 [OK] 단추를 클릭합니다.

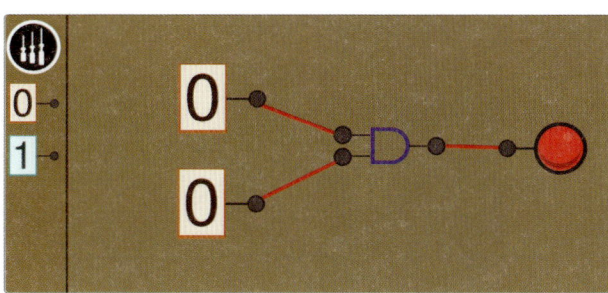 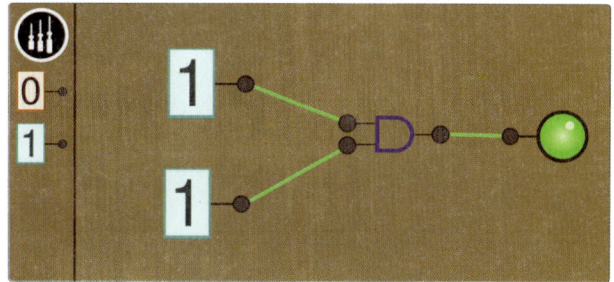

❷ [3단계] 'OR 게이트( )' 이용하기 : 'OR 게이트'는 두 개의 점 중에서 한 개 이상의 점이 '1'이 입력되어야 '초록색 신호'로 변경됩니다. '초록색 신호'로 변경되면 [OK] 단추를 클릭합니다.

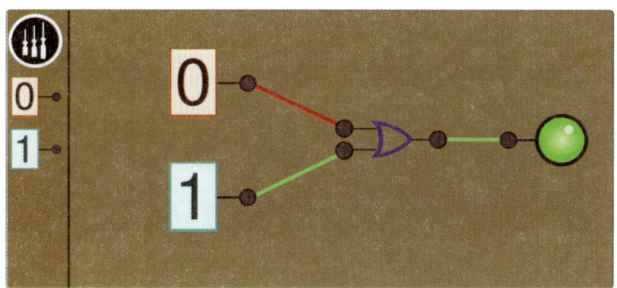 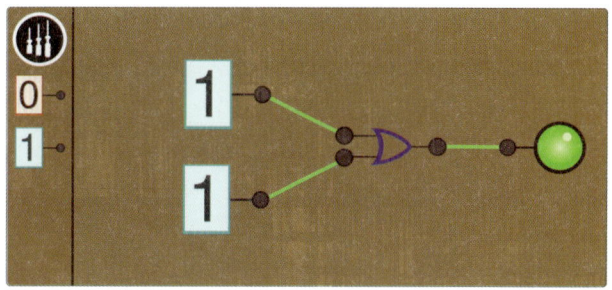

❸ [4단계] 'OR 게이트( )와 AND 게이트( )' 이용하기 : OR 게이트와 AND 게이트를 이용하여 '초록색 신호'로 변경되도록 선을 연결해 주세요. '초록색 신호'로 변경되면 [OK] 단추를 클릭합니다.

1) OR 게이트는 '0'과 '1'이 입력되어도 '초록색 신호' = '1'입니다.

2) AND 게이트는 '1'과 '1'이 입력되어야 '초록색 신호' = '1'입니다.

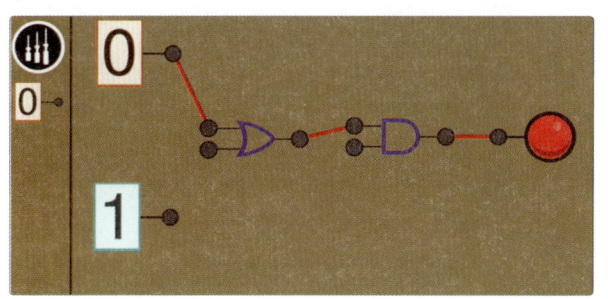 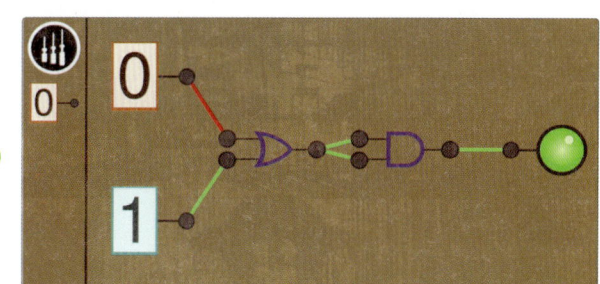

03 디지털 신호 기호 알아보기 (NOT와 NAND 게이트)

❶ **[5단계] 'NOT 게이트(●▷●)' 이용하기** : 'NOT 게이트'는 '1'이 입력되면 '0'을 출력하고 반대로 '0'을 입력하면 '1'을 출력합니다. 'NOT 게이트'를 이용하여 '초록색 신호'가 될 수 있도록 선을 연결해 주세요. '초록색 신호'로 변경되면 [OK] 단추를 클릭합니다.

❷ **[6단계] 'NAND 게이트(●ᗡ●)' 이용하기** : 'NAND 게이트'는 'AND 게이트'와 'NOT 게이트'가 합쳐진 게이트입니다. 두 개의 점이 모두 '1'이 아니거나 '0'과 '1'로 입력되었을 때 '초록색 신호'로 변경됩니다. 'AND 게이트'처럼 두 개의 점이 모두 '1'이 입력되면 '빨간색 신호'가 표시됩니다.

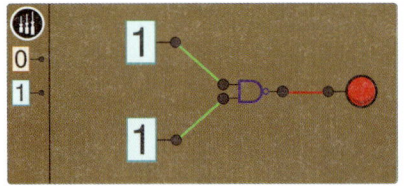 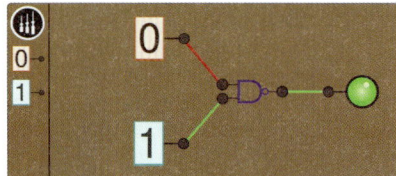 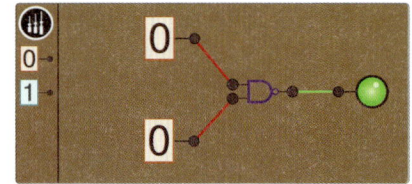

❸ **[7단계] AND 게이트와 스위치(●OFF●) 사용하기** : '스위치'를 마우스로 클릭하면 'ON/OFF'로 설정할 수 있습니다. 'AND 게이트(●D●)'를 이용하여 '초록색 신호'가 될 수 있도록 선을 연결해 주세요. '초록색 신호'로 변경되면 [OK] 단추를 클릭합니다.

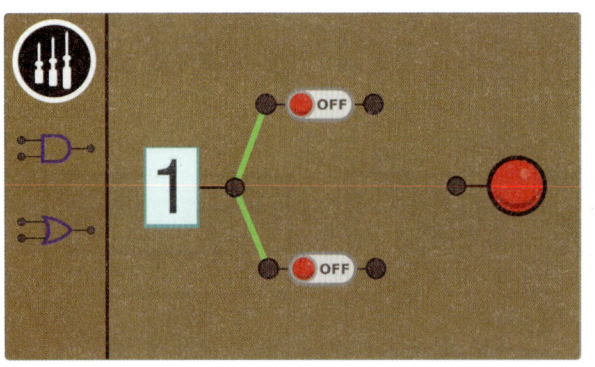 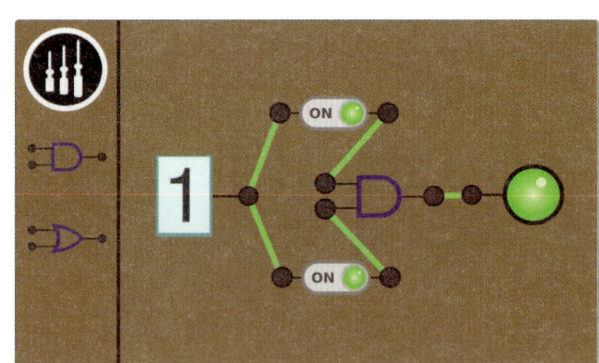

CHAPTER 19

미션 수행하기

미션 1 OR 게이트와 스위치(OFF) 사용하기

※ [Experiment]-[Digital electricity] 메뉴에서 <8단계>로 설정합니다.

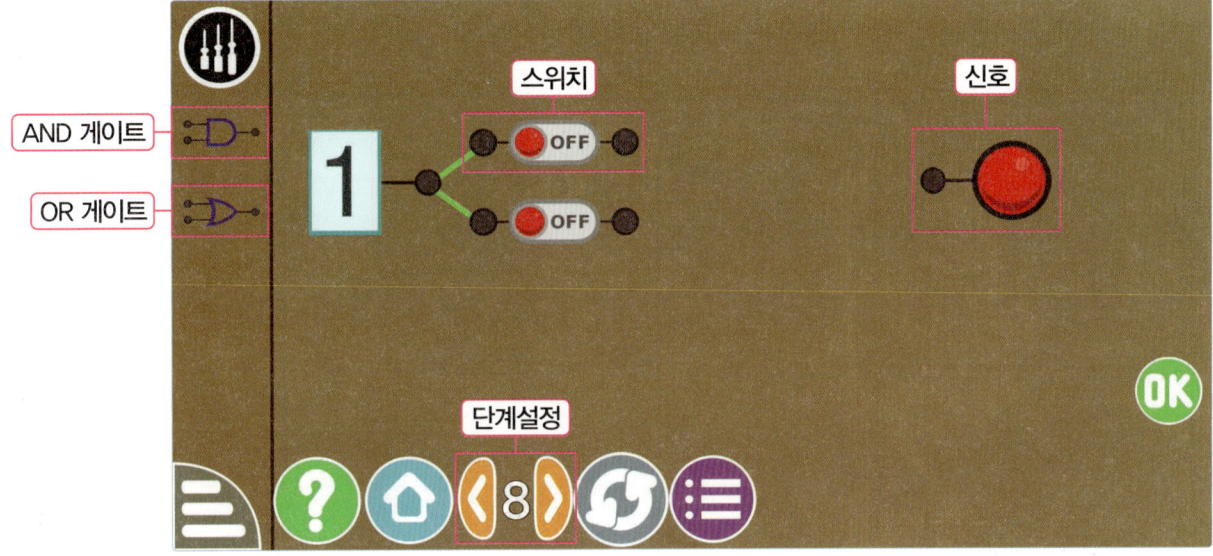

- '스위치'를 마우스로 클릭하면 'ON/OFF'로 설정할 수 있습니다. 'OR 게이트( )'를 이용하여 '초록색 신호'가 될 수 있도록 선을 연결해 주세요.

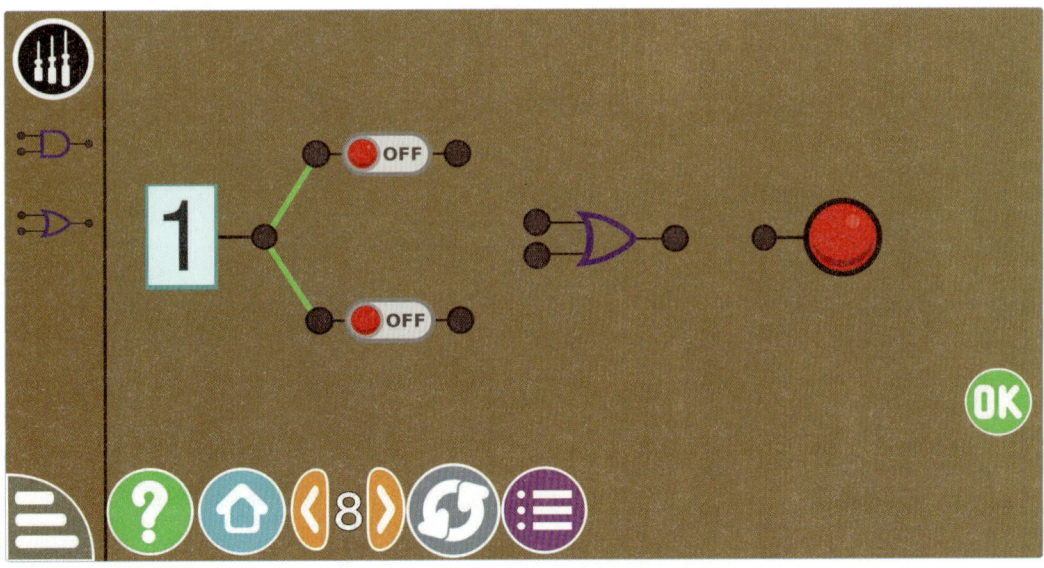

- 위 그림에서 선을 연결한 다음 '스위치'의 모양을 'ON/OFF' 중 선택하여 'O' 표시해 주세요.

1번 스위치	ON / OFF
2번 스위치	ON / OFF

CHAPTER 20 하양 대원과 함께 시장 체험하기

학습 목표

- 물건을 종류별로 분류하고 물건의 무게 재는 법에 대해 학습합니다.
- 수학적 사고와 창의적 능력을 높입니다.
- GCompris 프로그램을 활용하여 창의적 사고와 문제 해결 능력에 대한 흥미를 높입니다.

배울 내용 미리보기

'하양 대원'과 함께 시장에 왔어요! '사과'의 무게는 '200g'이에요. 4개의 과일 중에서 '사과'보다 무거운 과일 또는 채소를 골라주세요.

파인애플 1.5kg

호박 1kg

딸기 12g

수박 4.8kg

문제 해결을 위한 생각 기르기

■ 가방 속에 숨어있는 '필통'과 '붓'의 가로 길이를 재고 몇 cm인지 적어주세요.

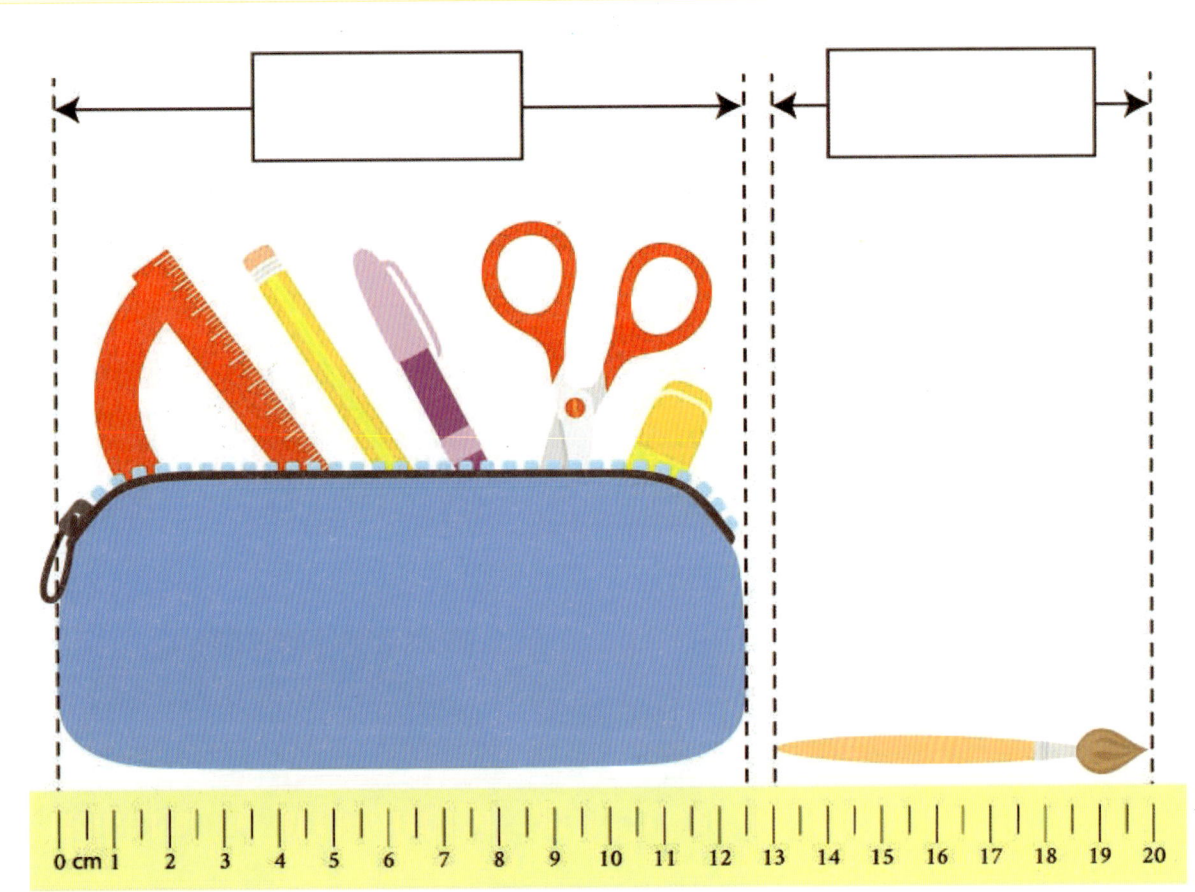

- '필통'의 가로 길이는 (cm) 입니다.
- '붓'의 가로 길이는 (cm) 입니다.
- '필통'의 길이 + '붓'의 길이 = (cm)입니다.
- '필통'의 길이 - '붓'의 길이 = (cm) 입니다.

01 주사위로 펼치는 얼음 위 모험

❶ '하얀 대원'을 따라서 [Numeration]-[Count the items] 메뉴를 클릭합니다.

❷ 화면 끝에서 날아오는 '레몬'을 보고, '레몬'의 개수를 세어 키보드의 '숫자키'로 입력합니다.
   ※ 과일의 모양과 개수는 실행할 때마다 변경됩니다.

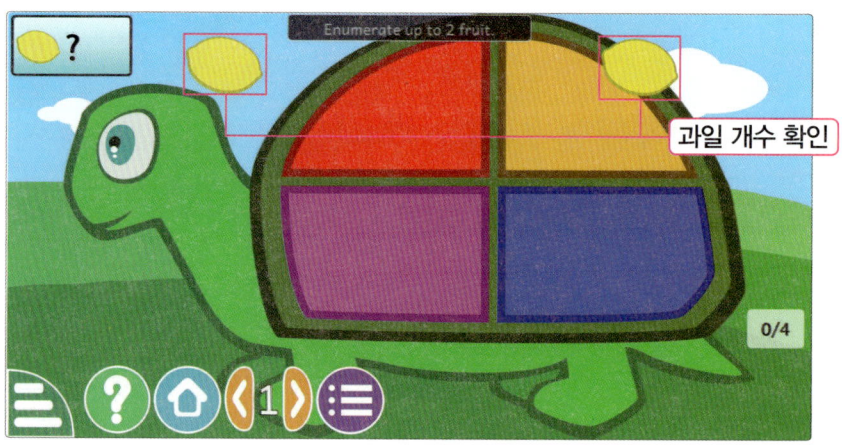

❸ 화면에 흩어져있는 '레몬'을 마우스로 클릭하여 비슷한 색상 구역으로 드래그해서 옮겨줍니다. 과일의 개수를 확인해서 키보드의 '숫자키 2'를 입력합니다.

④ [4단계]로 설정합니다. 이번엔 두 종류의 과일의 개수를 세어 키보드의 '숫자키'로 과일 개수를 입력합니다.

※ 과일의 모양과 개수는 실행할 때마다 변경됩니다.

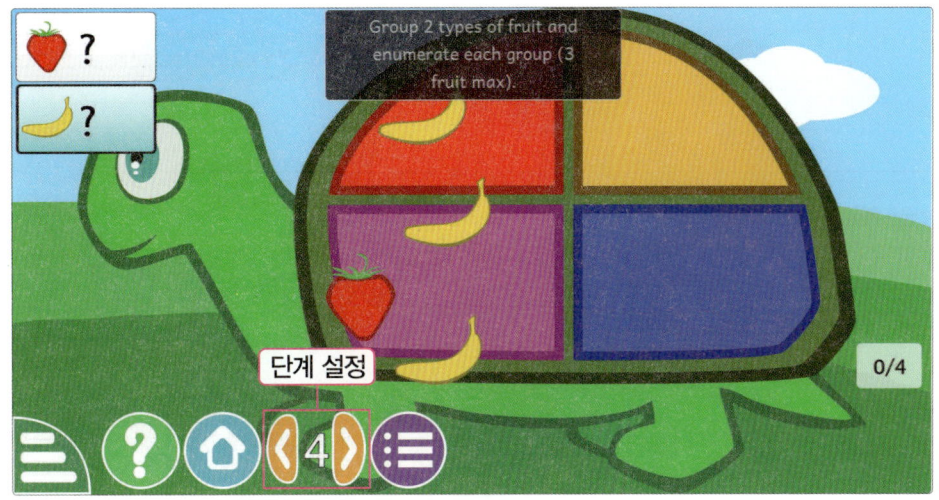

⑤ '딸기'와 '바나나'를 마우스로 클릭하여 색깔이 비슷한 영역에 드래그하여 옮겨줍니다.

⑥ '딸기'의 개수를 입력하기 위해 마우스로 '딸기' 영역을 클릭하고 키보드의 '1'을 입력합니다. 같은 방법으로 '바나나'의 영역을 클릭하고 키보드의 '3'을 입력합니다.

02 선물 상자의 무게 맞추기

❶ '하양 대원'을 따라서 [Measures]-[Balance the scales properly] 메뉴를 클릭합니다.

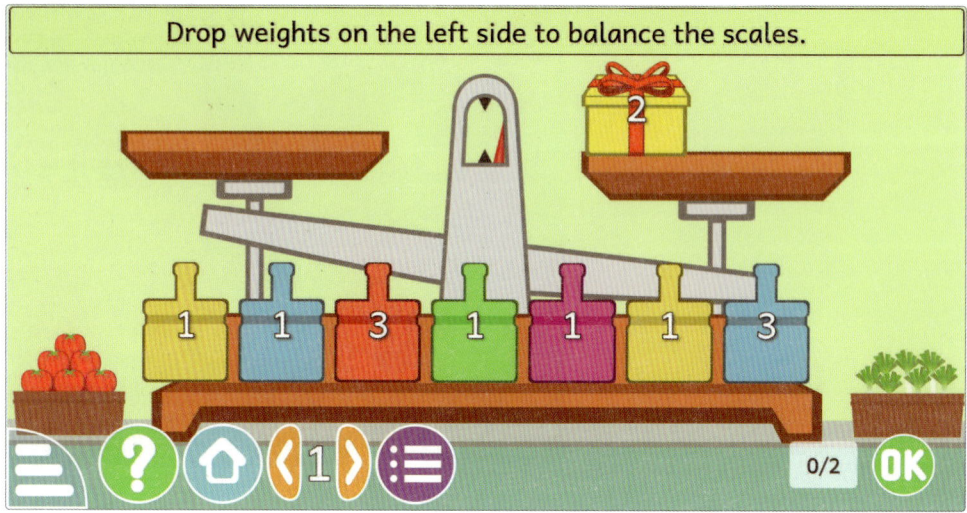

❷ '하양 대원'이 다른 대원들에게 줄 선물을 준비하고 있어요. 오른쪽의 '선물 상자'의 무게를 확인하고 왼쪽에 '무게추'를 올려서 수평을 맞춰주세요.

  ※ 선물의 무게는 실행할 때마다 변경됩니다.

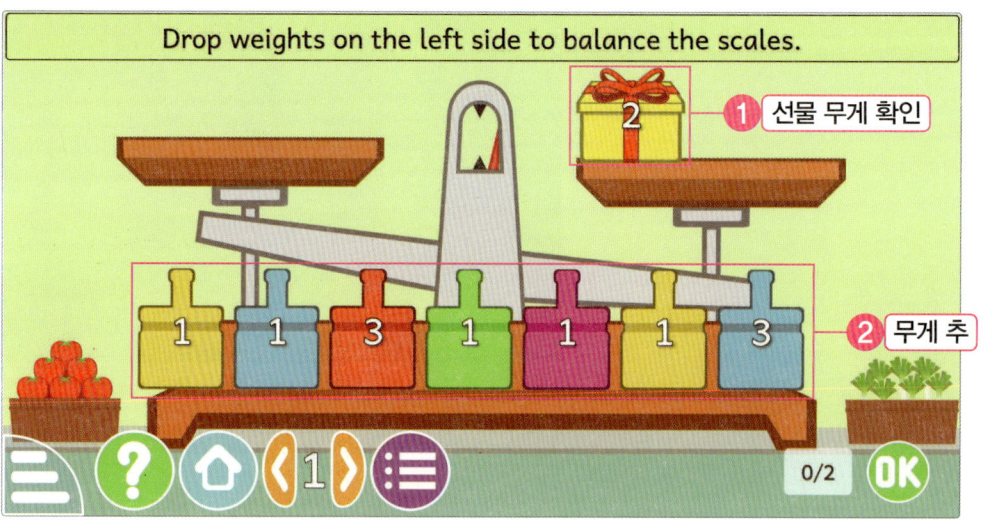

❸ 아래쪽에 있는 '무게추'를 클릭하고 왼쪽 저울에 드래그해서 올려주세요. 오른쪽과 왼쪽의 무게가 일치해서 저울이 수평이 되면 [OK] 단추를 클릭해주세요.

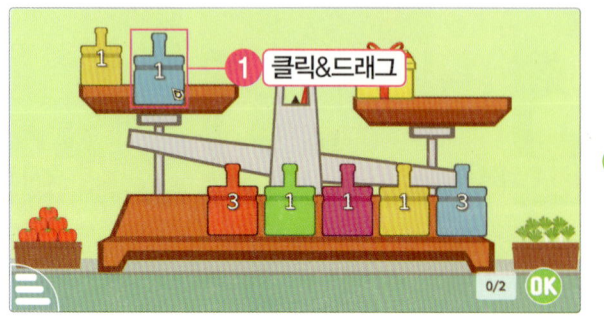
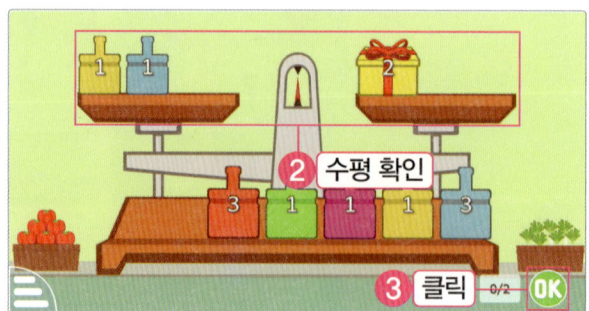

CHAPTER 20

미션 수행하기

미션 1 '선물 상자' 무게 추측하여 맞추기

※ [Measures]-[Balance the scales properly] 메뉴에서 <8단계>로 설정합니다.

• 오른쪽 저울에 있는 '선물 상자'의 무게는 현재는 알 수 없어요.

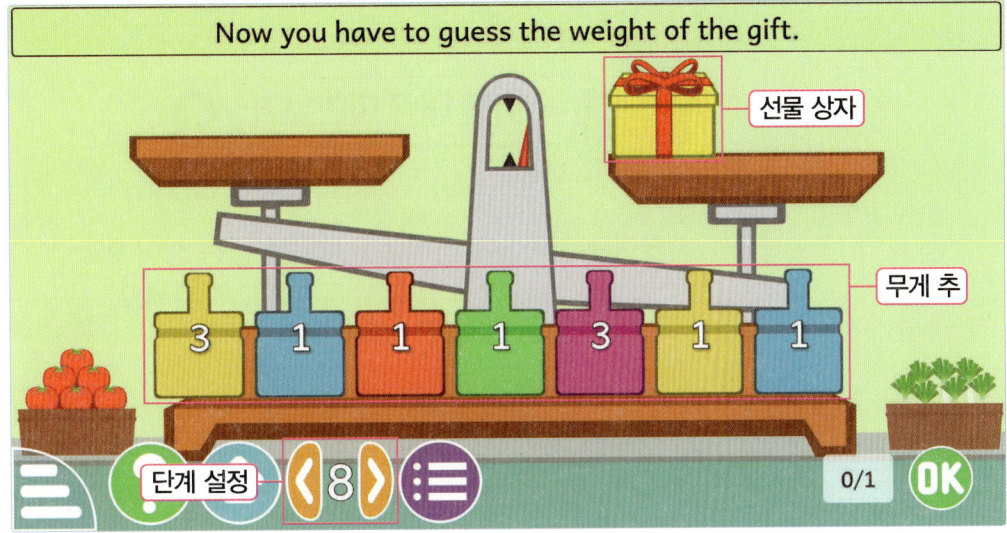

• 무게별로 '무게추'를 왼쪽에 올려보고 '선물 상자'의 무게를 추측해 봅니다. '3'보다는 가볍고 '1'보다는 무겁기 때문에 '선물 상자'의 무게는 '2'입니다.

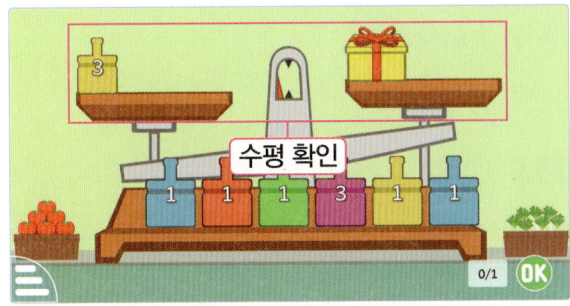

• '선물 상자'와 '무게추'의 무게가 일치하면 'Enter the weight of the gift:' 문구가 나타납니다. '선물 상자'의 무게를 키보드 '숫자키'로 입력하고 [OK] 단추를 클릭합니다.

CHAPTER 21 하양 대원과 함께 물건 계산하기

학습 목표

- 여러 가지 물건의 값을 더해서 총 얼마인지 계산해봅니다.
- 물건을 사고 남은 돈을 계산해봅니다.
- GCompris 프로그램을 활용하여 수학적 사고와 문제 해결 능력에 대한 흥미를 높입니다.

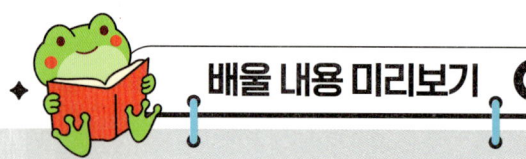

지훈이는 엄마에게 심부름할 내용을 듣는 중이에요.
엄마가 하는 말을 잘 듣고 질문에 답해주세요.

질문

1) 지훈이가 사야 하는 것은 무엇일까요? 우유 1L, (　　　　)
2) 지훈이가 받은 심부름 값 10,000원에서 물건을 사고 남은 금액은 얼마일까요? (　　　　)

> 오늘의 심부름은
> 우유 1L랑 식빵 1봉지를 사와야해.
> 우유는 3,500원이고 식빵은 3,000원이야
> 10,000원에서 우유랑 식빵사고 남은 돈은
> 심부름한 용돈으로 줄게~ 심부름 조심히 잘 다녀와~

문제 해결을 위한 생각 기르기

■ 심부름을 마치고 집에 가는 길이에요. '지훈', '동현', '유나'의 집을 찾아주세요.

<힌트> 오늘 입은 옷은 집의 지붕 색깔이랑 똑같아요.

<조건> 집에 가는 길에 '지훈'이는 '초록색 선물', '동현'이는 '빨간색 선물', '유나'는 '파란색 선물'을 꼭 챙겨서 가야 해요.

01 구매할 물건값 계산하기

❶ '하양 대원'을 따라서 [Measures]-[Money] 메뉴를 클릭합니다.

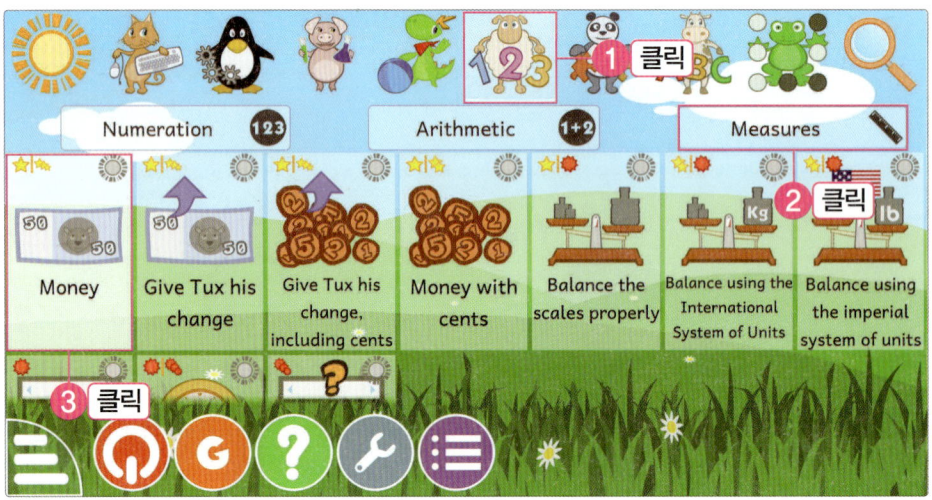

❷ '하양 대원'과 함께 '오렌지'를 구매하려고 해요. '오렌지'의 금액을 보고 '동전'을 클릭합니다.

※ 구매할 물건과 물건 금액은 실행할 때마다 변경됩니다.

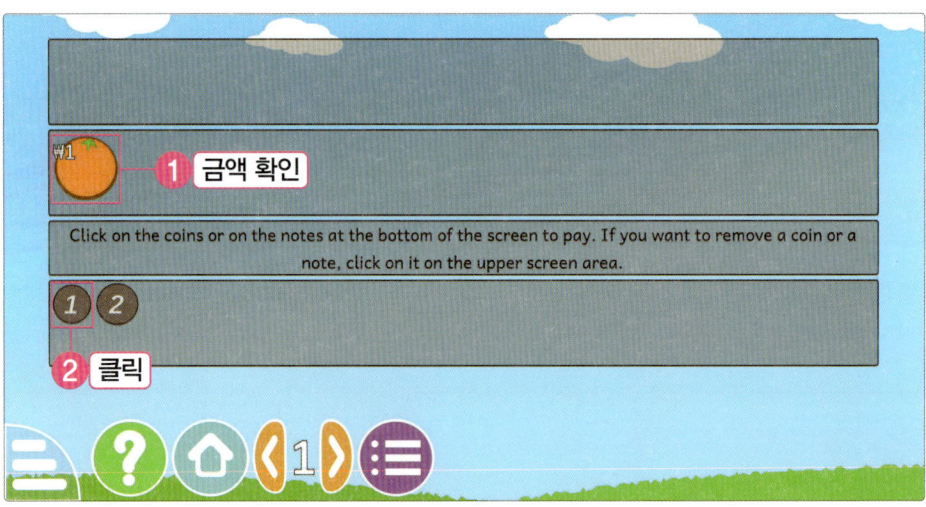

❸ '오렌지'의 가격은 '1'원입니다. 가격을 확인하고 '1' 동전을 클릭합니다.

❹ [8단계]로 설정합니다. 이번엔 동전과 지폐를 사용하여 물건을 계산합니다.
　※ 구매할 물건과 물건 금액은 실행할 때마다 변경됩니다.

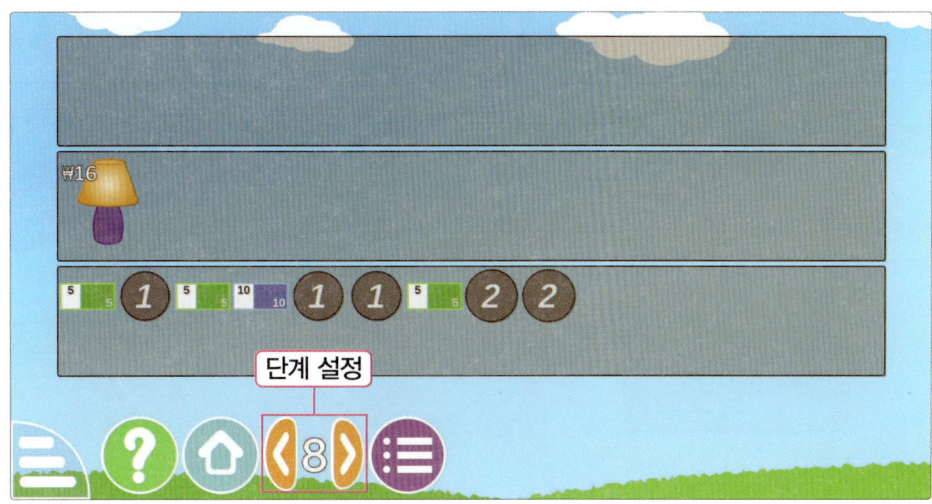

❺ '조명'을 구매하려고 해요. '조명'의 가격은 '16' 원이에요. 지폐와 동전으로 계산하려면 어떻게 해야 할까요?

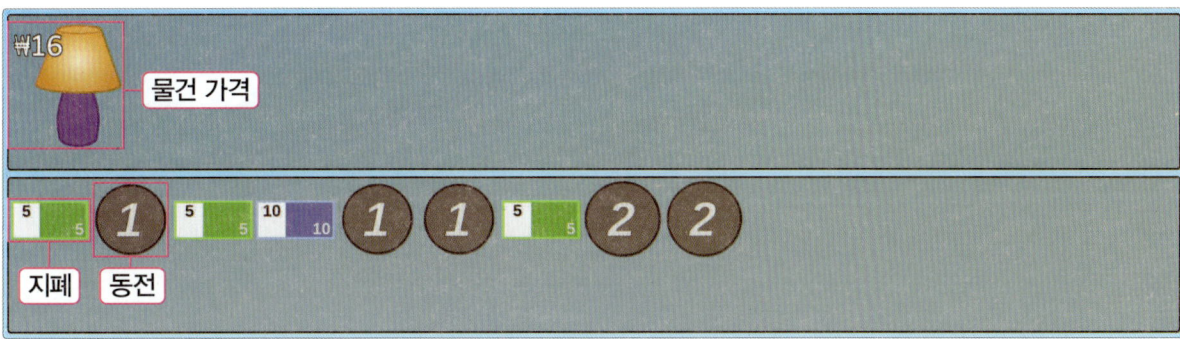

❻ 최소한의 지폐와 동전을 사용하여 지폐 '10' 원과 '5' 원 그리고 '1' 원 동전으로 구매했어요. 그렇다면 최대한 지폐와 동전을 사용하여 구매하려면 어떻게 구매해야 할까요?

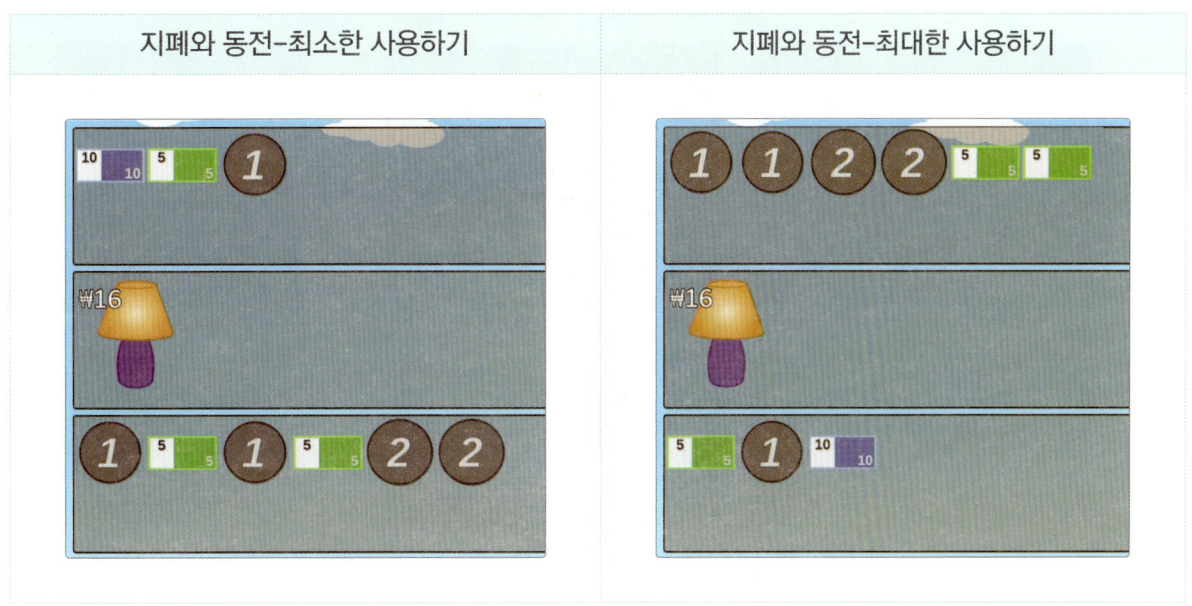

Chapter 21 하양 대원과 함께 물건 계산하기 • 123

02 구매하고 남은 거스름돈 계산하기

❶ '하양 대원'을 따라서 [Measures]-[Give Tux his change] 메뉴를 클릭합니다.

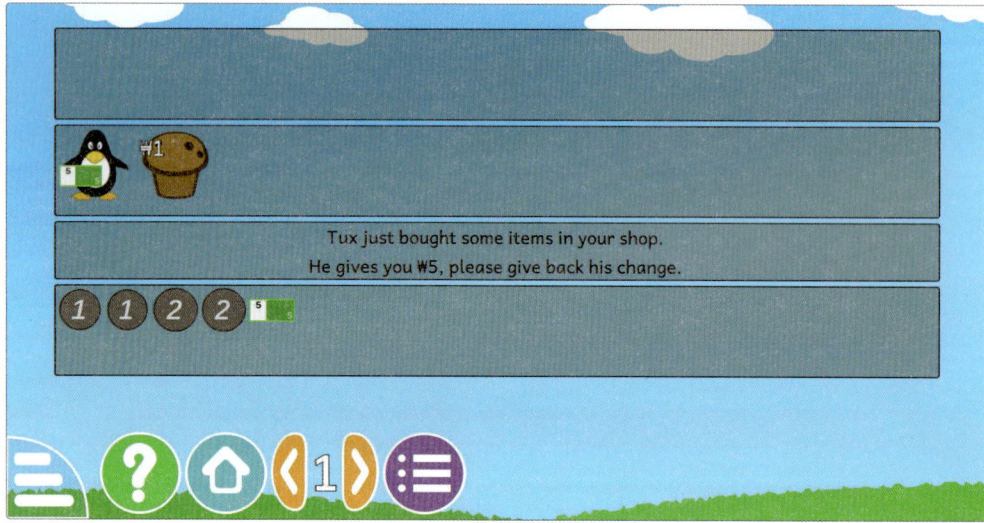

❷ '포포 대원'이 '초코 머핀'을 사려고 '5' 원을 줬어요. '초코 머핀' 값은 '1' 원이에요.

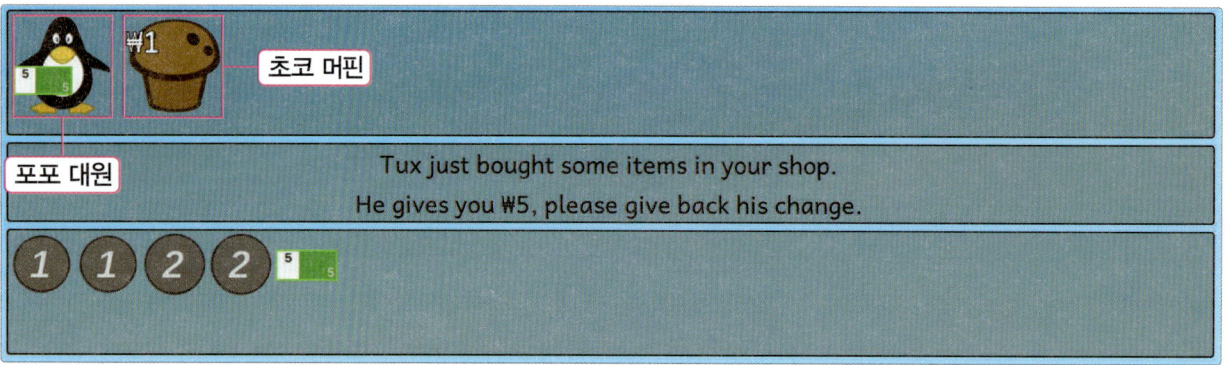

❸ '초코 머핀'을 구매하고 남은 거스름돈만큼 '동전'을 클릭하여 '포포 대원'에게 주세요.

CHAPTER 21

미션 수행하기

미션 1 우리 동네에서 '경찰팀'과 '소방팀'의 합동 훈련이 진행된대요! '소방차'와 '경찰차' 중에서 어느 쪽이 더 차량의 숫자가 많을까요?

미션 2 '사탕'은 총 '11'개가 있어요. 4명의 친구에게 똑같이 나눠주려면 각자 몇 개씩 먹을 수 있을까요? 그리고 친구들에게 똑같이 나눠주고 남은 '사탕'은 몇 개일까요?

CHAPTER 22 핑키 대원과 함께하는 날씨 에너지

학습 목표
- 환경 에너지의 종류와 특징을 이해해봅니다.
- 환경 에너지의 중요성과 활용 방법을 설명해봅니다.
- GCompris 프로그램을 활용하여 창의적 사고와 에너지 흐름에 대해 실습해봅니다.

우리 생활에 꼭 필요한 에너지는 여러 가지가 있어요.
그중에서도 자주 사용하는 에너지를 소개할게요.

태양 에너지는 햇빛을 이용해서 만드는 에너지에요.
태양 전지판이 햇빛을 받아서 에너지를 만들어요

풍력 에너지는 바람의 힘을 이용해서 만드는 에너지에요. 큰 바람개비
(풍력 발전기)가 바람을 받아서 돌아가면 에너지를 만들 수 있어요.

물 에너지는 물이 흐르거나 떨어질 때 나오는 힘을 이용해서 만드는 에너지
에요. 큰 댐에서 물이 떨어질 때 나오는 힘을 이용해서 에너지를 만들어요.

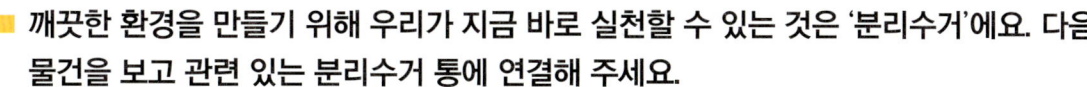

■ 깨끗한 환경을 만들기 위해 우리가 지금 바로 실천할 수 있는 것은 '분리수거'에요. 다음 물건을 보고 관련 있는 분리수거 통에 연결해 주세요.

01 물의 순환 과정 알아보기

❶ '핑키 대원'을 따라서 [Experiment]-[Water cycle] 메뉴를 클릭합니다.

❷ '포포 대원'이 임무를 떠났다가 집으로 돌아왔어요. 집에 오자마자 목욕하고 싶은데 물이 나오질 않아요.

❸ '물'이 나오려면 물의 순환 과정대로 필요한 요소를 순서대로 마우스로 클릭합니다.

1) 먼저 '태양'을 클릭하고, 태양 에너지에 의해 생성된 '구름'을 클릭합니다.

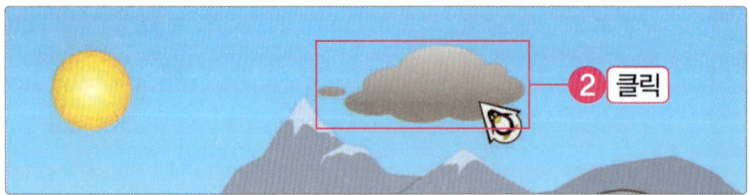

2) '구름'에서 비가 내려 골짜기에 물이 차서 강이 되었습니다. 이번엔 강 근처에 '양수장'을 클릭해주세요.

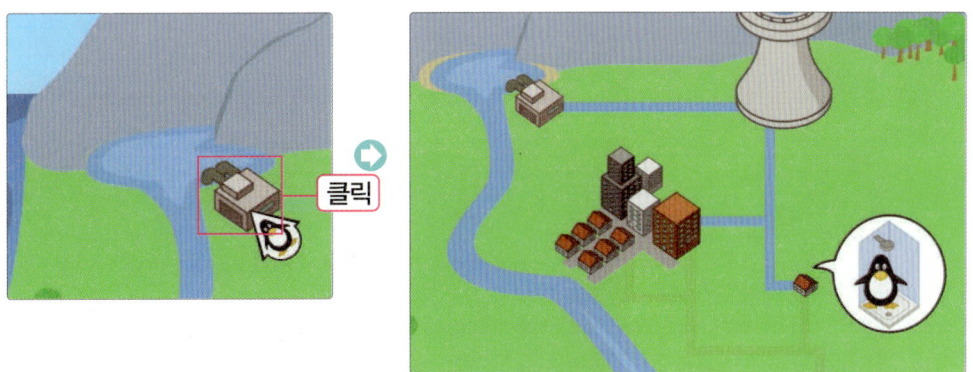

3) '포포 대원' 집에 물이 공급되기 시작했어요. 깨끗한 물로 정화하기 위해서 '하수 처리장'을 클릭해주세요.

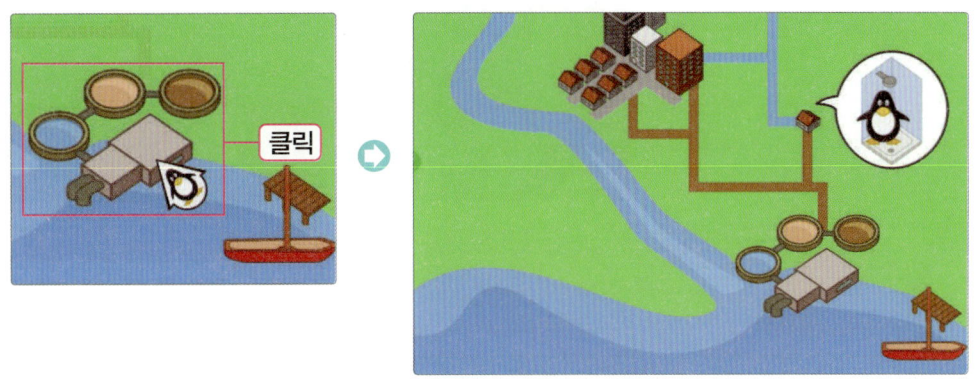

4) 이제 목욕하기 위한 깨끗한 물이 준비되었어요. '포포 대원'의 집을 클릭해서 목욕할 수 있도록 도와주세요.

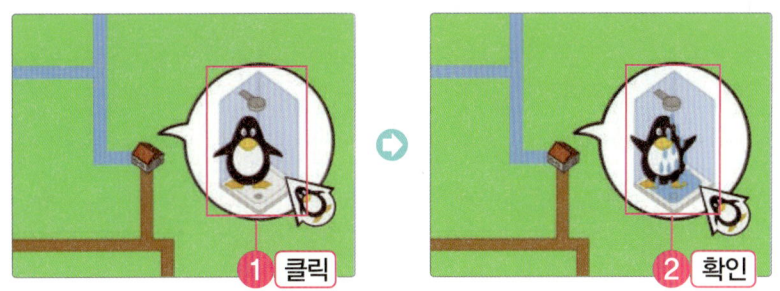

02 전기 에너지의 발생 과정 알아보기

❶ '핑키 대원'을 따라서 [Experiment]-[Renewable energy] 메뉴를 클릭합니다.

❷ '포포 대원'이 임무를 떠났다가 집으로 돌아왔어요. 집에 오자마자 조명을 켜고 싶은데 전기가 끊겨 있어요.

❸ '전기'가 공급되려면 전기 에너지가 발생하는 과정대로 필요한 요소를 순서대로 마우스로 클릭합니다.

1) 먼저 '태양'을 클릭하고, 태양 에너지에 의해 생성된 '구름'을 클릭합니다.

2) '구름'에서 비가 내려 골짜기에 물이 차서 강이 되었습니다. 이번엔 강 근처에 '댐'을 클릭해주세요.

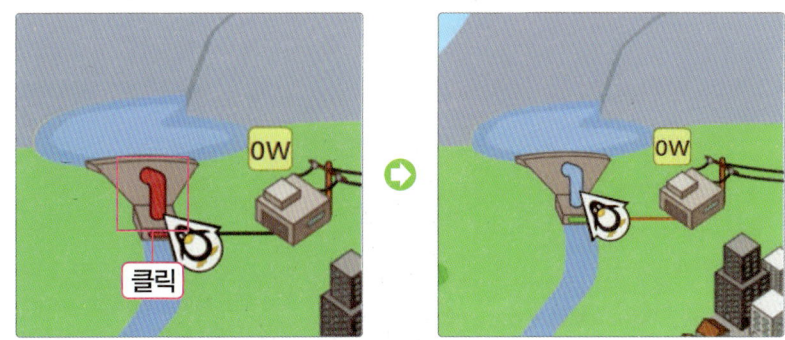

3) 근처에 있는 '변압기'를 클릭하여 전기 공급을 시작합니다.

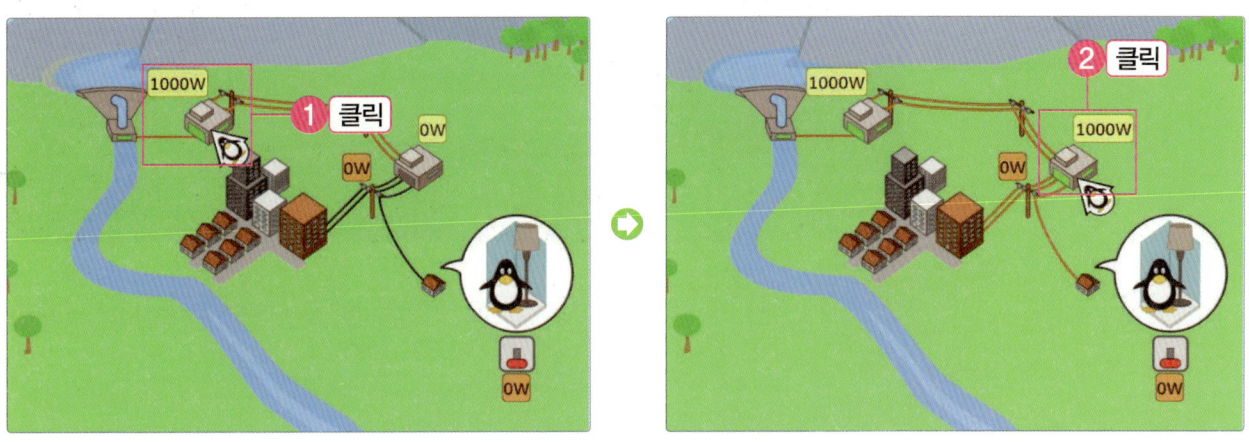

4) 마지막으로 '포포 대원'의 집에 있는 '스위치'를 클릭하면 전기 공급이 완료되어 '전등'에 불이 들어옵니다.

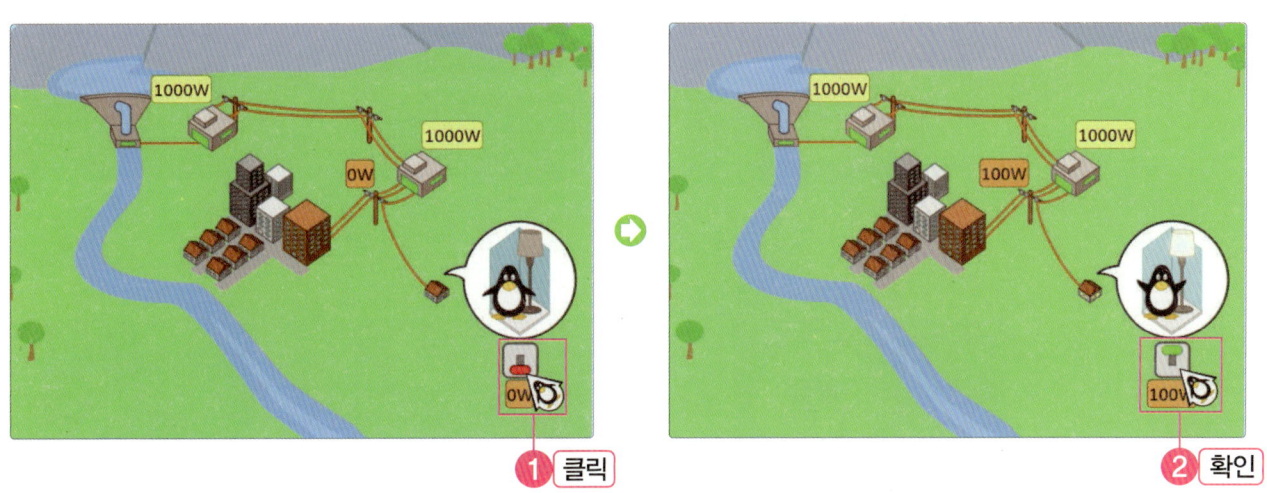

03 전기 에너지와 풍력 발전소 이용하기

❶ '핑키 대원'을 따라서 [Experiment]–[Renewable energy] 메뉴에서 <2단계>로 설정합니다.

❷ '전기'가 공급되려면 전기 에너지가 발생하는 과정대로 필요한 요소를 순서대로 마우스로 클릭합니다.

| 1) 태양 클릭하기 | 2) 구름 클릭하기 | 3) 댐 클릭하기 |
| 4) 변압기와 스위치 클릭하기 | 5) 흰색 구름과 변압기 클릭하기 | 6) 마을 스위치 클릭하기 |

❸ '전기 에너지'와 '풍력 발전소'를 이용하여 '포포 대원'의 '집'과 '마을'에 전기 공급이 완료되었는지 확인합니다.

CHAPTER 22

미션 수행하기

 마을에 전기를 공급하기 위해 태양열 에너지와 풍력 에너지를 사용해 주세요.

※ [Experiment]-[Renewable energy] 메뉴에서 <3단계>로 설정합니다.

- '마을'에 전기 공급이 중단되었어요. 전기를 공급하는 데 필요한 요소들을 마우스로 클릭해주세요.

- 다음 그림을 보고 '태양열 에너지'를 사용하기 위해 '클릭하면 안되는 부분'이 어디일까요?
  ※ 힌트 : 태양은 비가 오는 날에는 보이지 않아요. 태양 에너지를 사용할 수 없어요.

Chapter 22 핑키 대원과 함께하는 날씨 에너지 ● **133**

CHAPTER 23 핑키 대원과 함께하는 과학자 체험!

학습 목표

- 태양계를 이루고 있는 중력에 대해 이해해봅니다.
- 논리적 사고와 창의적 능력을 높여봅니다.
- GCompris 프로그램을 활용하여 논리적 사고와 문제 해결 능력에 대한 흥미를 높입니다.

배울 내용 미리보기

'핑키 대원' 대원과 함께 '우주 탐사' 임무를 맡았어요.
우주로 떠나기 전에 간단한 태양계에 대해 이름을 공부하려고 해요.

문제 해결을 위한 생각 기르기

■ 태양계에서는 '태양'이 가장 크기 때문에 강한 중력을 가지고 있어요. '태양'과 가까울수록 중력을 많이 느끼고 '태양'과 멀어질수록 중력을 적게 느끼게 됩니다.

질문 1) 그렇다면 다음 행성 중에서 태양 다음으로 중력을 가장 많이 느끼는 행성이 무엇일까요? (   )

질문 2) 우리가 살고 있는 행성은 어디일까요? (   )

질문 3) '지구'의 모양은 둥글어요. (   )으로 인해 물건이나 사람들이 눕거나 일어서도 바닥에서 떨어지지 않은 힘이 있기 때문이에요. 괄호 안에 들어갈 단어는 무엇일까요?

01 흔들흔들 균형 잡으며 공 움직이기

❶ '용용 대원'을 따라서 [Balance box] 메뉴를 클릭합니다.

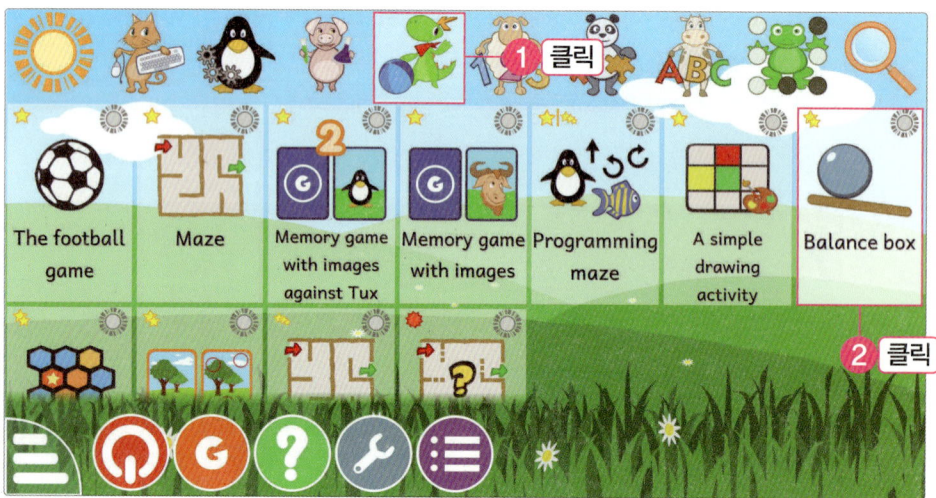

❷ 이 공간은 공을 직접 움직이는 것이 아니라 화면을 움직여서 공을 이동해야 합니다. '1'부터 '5'까지 순서대로 지나갈 수 있도록 마우스를 드래그하거나 키보드 '방향키'를 클릭해 보세요.

❸ 공이 숫자 '5'를 통과하면 공이 통과할 수 있도록 문이 열리고 다음 단계로 이동합니다.

02 중력의 힘으로 끌어당기는 행성 피하기

❶ '핑키 대원'을 따라서 [Experiment]-[Gravity] 메뉴를 클릭합니다.

❷ 임무 수행을 위해 '우주'에 도착했습니다. 이곳에서는 행성과 부딪히지 않고 무사히 우주선을 지켜야 합니다. 우주선 위에 있는 '빨간색 화살표'는 중력의 방향과 힘을 표시합니다. 행성에 부딪히지 않도록 키보드의 반대 방향키로 행성과 떨어집니다.

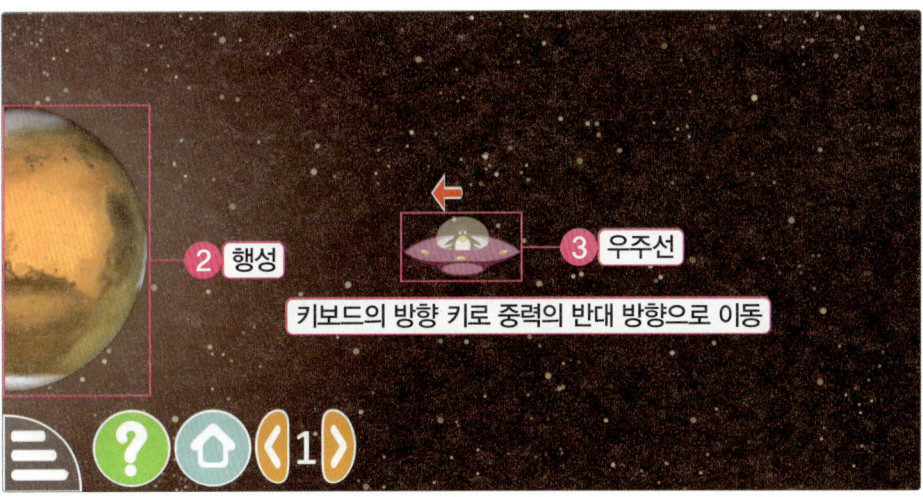

❸ 지나가는 '행성'은 중력에 의해 '우주선'을 계속 끌어당깁니다. '행성'과 '우주선'의 거리가 가까울수록 세게 끌어당기며, 행성과 멀수록 중력이 약해집니다.

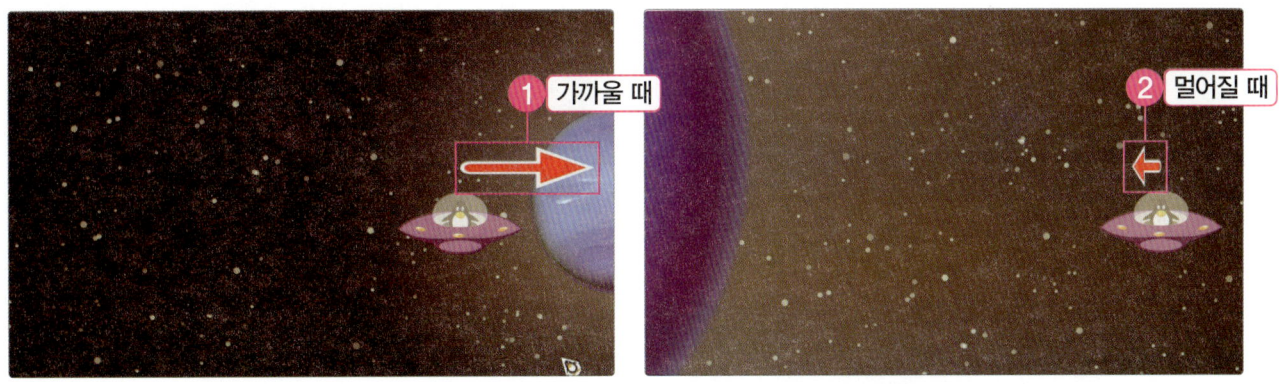

03 우주선의 속도와 방향을 조절하여 안전하게 착륙하기

❶ '핑키 대원'을 따라서 [Experiment]-[Land safe] 메뉴를 클릭합니다.

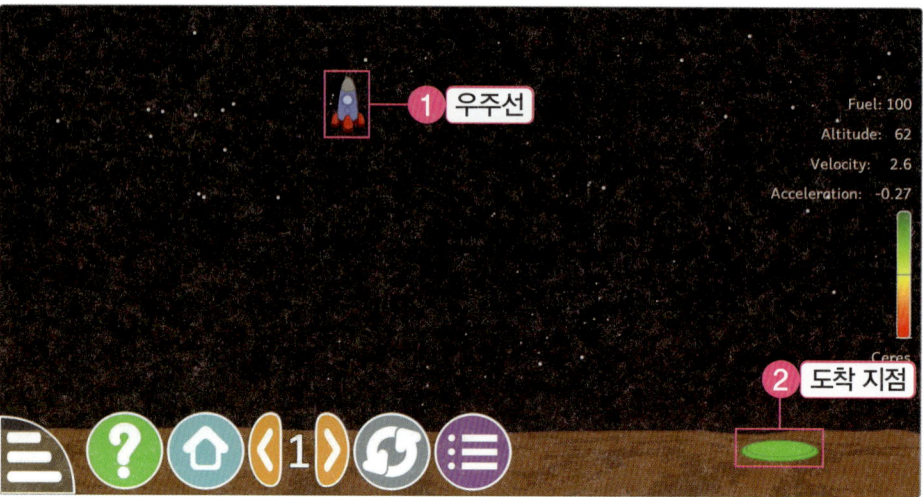

❷ 우주 탐사 임무 중 '행성'에 착륙하려고 합니다. '우주선'을 조절하기 위해서는 키보드 '방향키'를 사용합니다. '위(↑), 아래(↓)' 방향키는 속도를 조절하고, '왼쪽(←), 오른쪽(→)' 방향키는 '우주선' 방향을 조정합니다.

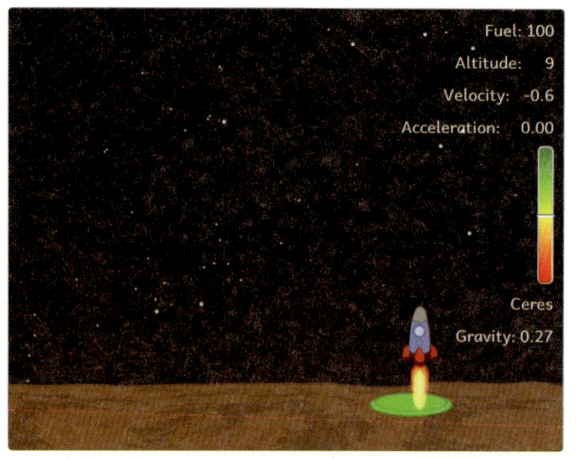
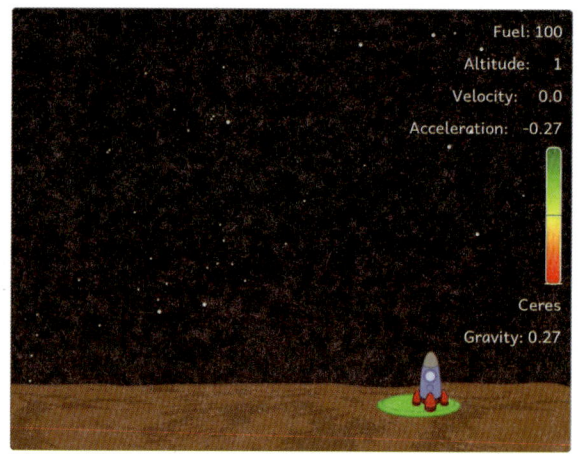

❸ 착륙할 때는 도착 지점이 안전한지 색깔을 확인하고 착륙해 주세요. '빨간색'으로 표시될 때는 속도가 너무 빨라서 착륙할 때 위험할 수 있습니다. 꼭 '초록색'으로 표시되었는지 확인하고 착륙해 주세요.

CHAPTER 23

미션 수행하기

미션 1 '포포 대원'이 배를 타고 '통나무'를 얻으러 가야 합니다. 길 중간에 막혀있는 '초록색'과 '노란색' 막대를 클릭하여 '포포 대원'이 무사히 지나갈 수 있도록 도와주세요.

- '핑키 대원'을 따라서 [Experiment]-[Operate a canal lock] 메뉴를 클릭합니다.

- '초록색'과 '노란색' 막대는 같은 색상끼리는 동시에 사용할 수 없으며 서로 다른 색끼리는 동시에 사용할 수 있습니다.

- '포포 대원'이 목적지에서 '통나무'를 얻으면 성공입니다.

CHAPTER 24 종합평가

01 이진수 카드를 참고해서 이진수를 십진수로 변경했을 때 옳지 않은 것을 찾아주세요.

① 1000(2) → 8(10)   ② 0101(2) → 5(10)   ③ 0111(2) → 7(10)   ④ 0110(2) → 4(10)

02 다음 그림을 보고 십진수 '7'을 표현하려면 몇 번째 전구를 켜야 할까요? 전구에 '○' 표시해 주세요.

03 다음 그림을 보고 스위치를 누르면 전구에 불이 켜지고 스위치를 누르지 않으면 전구에 불이 꺼지도록 설계하려고 합니다. 설명에 맞게 선을 연결해 주세요.

04 선물 상자를 포장하고 있어요. 선물의 무게는 '8kg'에요. 저울의 수평을 맞추기 위해서는 몇 kg의 무게추를 사용하면 될까요? (단, 저울에는 최대 3개까지만 올릴 수 있어요.)

05 '포포 대원'이 물건을 사고 있어요. 당근 2개, 레몬 1개, 오렌지 1개를 구매했을 때 구매 금액과 거스름돈은 얼마일까요? 구매금액 : (원), 거스름돈 : (원)

06 우리 생활에 꼭 필요한 에너지 중에서 '태양', '바람', '물' 에너지의 종류와 설명이 바르게 연결되도록 선으로 연결해 주세요.

물이 흐르거나 떨어질 때 나오는 힘을 이용해서 만드는 에너지에요.

바람의 힘을 이용해서 만드는 에너지에요. 큰 바람개비 모양은 풍력 발전기라고 해요.

태양 전지판이 햇빛을 받아서 에너지를 만들어요.